中华先锋人物
故事汇

黄旭华

志探“龙宫”

HUANG XUHUA
ZHI TAN LONGGONG

葛 竞 著

党建读物出版社 接力出版社 Publishing House

图书在版编目（CIP）数据

黄旭华：志探“龙宫”/葛竞著．—南宁：接力出版社；北京：党建读物出版社，2021.6

（中华人物故事汇．中华先锋人物故事汇）

ISBN 978-7-5448-7217-1

Ⅰ.①黄…　Ⅱ.①葛…　Ⅲ.①传记小说－中国－当代　Ⅳ.①I247.5

中国版本图书馆CIP数据核字(2021)第095985号

黄旭华——志探“龙宫”

葛竞　著

责任编辑：李雅宁　谢洪波

文字编辑：王　燕

责任校对：刘会乔　杨少坤

装帧设计：严　冬　许继云　　美术编辑：高春雷

出版发行：党建读物出版社　　接力出版社

地　　址：北京市西城区西长安街80号东楼（邮编：100815）

　　　　　广西南宁市园湖南路9号（邮编：530022）

网　　址：http://www.djcb71.com　　http://www.jielibj.com

电　　话：010-65547970/7621

经　　销：新华书店

印　　刷：河北鹏润印刷有限公司

2021年6月第1版　　2022年10月第4次印刷

787毫米×1092毫米　32开本　4.5印张　60千字

印数：25 001—31 000册　　定价：22.00元

目录

写给小读者的话 ············1

蛟龙与长尾鲨 ················1

造船的小男孩 ················15

甘蔗地里的学校 ··············25

“山茶社”里的歌声 ··········43

与潜艇结缘 ··················61

葫芦岛的艰苦生活 ············77

从玩具到核潜艇 ··············87

深海蛟龙的诞生 …………… 97
无名也无悔 ……………… 107
生活中动听的旋律 ………… 117

写给小读者的话

每个人都渴望梦想成真，每个人都期待着享受梦想带给自己的高光时刻。也许，你希望父母、朋友为你骄傲；也许，你期待周围的人都崇拜你；也许，你渴望自己的名字能够闪闪发光地刻印在历史的年轮上。

你想过吗？从成功的人到伟大的人，中间有一段漫长的路程，这里包含着对一个人意志与品质的考验，更要用时间来检验一个人的胸怀与信仰。

成功的人像一颗闪光的明星，经过努力与付出，取得了过人的成就，获得了众人的瞩目与喝彩。

伟大的人却如一艘深海中默默前行的潜艇，为人民无私付出，不计较个人名利与得失，忘我地融入到建设祖国的洪流中，为人民所敬仰。

“中国核潜艇之父”黄旭华就经历了这样的人生考验。青年时代，他在上海交通大学加入了中国共产党，为了祖国的新生，为了唤起同辈年轻人的觉醒，他在血雨腥风中为党的事业秘密地奔波着。

进入到中国核潜艇的研制领域后，作为中国第一代核动力潜艇研制创始人之一，他主持完成中国第一代鱼雷攻击型核潜艇和弹道导弹核潜艇研制。当核潜艇在南海做深潜试验时，黄旭华随潜艇下潜三百米，他是世界上第一位亲自下水做深潜试验的核潜艇总设计师。这样光辉的成就，却在很长一段时间被隐藏了起来。

因为从事的工作要严格保密，黄旭华隐姓埋名，默默无闻，几十年间，他的贡献和事迹不能被公众所知，对自己的父母也要守口如瓶。在艰苦的工作环境与高难度的研究过程中，黄旭华却始终初心不改，埋头苦干，为国家做出了巨大贡献，永远把祖国和人民放在心中最重要的位置。

晚年，黄旭华先后获得共和国勋章、国家科技进步奖等，现在的他名满天下、家喻户晓。国家和人民要让这位伟大的科学家和爱国者铭刻在共和国的历史上，走入每个中国人的记忆中。

成功的人，伟大的人，你希望自己成为什么样的人呢？

蛟龙与长尾鲨

一九六三年四月十日的清晨，随着美丽的朝霞映红了平静的海面，一群早起的海鸥在海面上愉快地嬉戏着。它们一会儿贴着水面低空飞翔，一会儿又像箭一般直插云霄，使得整个美国的东海岸一片诗情画意。

突然，一阵轰隆隆的引擎声划破天际，惊散了海上的飞鸟，扰乱了海面的平静，一座小山似的巨型黑色怪物缓缓驶入了大海深处。这个庞然大物就像可怕的鲨鱼，露出了一个圆锥形的“鱼鳍”，海中的鱼群看见了它，全都一溜烟地仓皇逃窜。“鲨鱼”身后，却跟随着一艘轻巧的救生舰，这到底是怎么回事呢？

这个黑色怪物难道是人类并未知晓的神秘海洋生物？其实不然，这是美国最重要的核潜艇——“长尾鲨号”！好几个月前，它因为机身故障返厂修理，现在，抢修完毕的“长尾鲨号”从船厂驶出，在潜艇救生舰“云雀号”的护送下，准备在海洋深处进行深潜试验。

深潜试验是什么意思呢？简单来说，就是每艘潜艇在执行任务前，都必须潜到工作深度和极限深度去检验它的设计是否合理，以及建造质量是否达标的一种试验。

深潜试验是重要的检验步骤，因为整个潜水艇的设计和制造过程都是在陆地上完成的，可它却是在海洋深处执行任务的，一切效果都只能靠潜艇设计人员的想象。

这是一件多么有风险的事情，可是“长尾鲨号”里的哈维中校却自信满满。在试航期间，“长尾鲨号”战果累累，四十多次下潜到极限深度，完美地通过了多次试验，而这次的深潜试验，只需接近极限深度就可以了。

可恰恰就是这次，哈维中校遭遇了他一生中

唯一一次，也是最后一次大麻烦。

救生舰“云雀号”在海面上没有盼到“长尾鲨号”上浮的消息，却听到了来自深海的可怕声音，那轰隆声令人心悸，正是水密舱破裂后，潜艇也跟着断裂，黑色的海水压烂艇体时发出的巨响。

“长尾鲨号”就这样沉没了，上面的一百零四名艇员和二十五名其他人员全部葬身二千五百多米深的海底。他们在遇难前，根本来不及向“云雀号”报告失事原因，潜艇失事后也粉身碎骨，就这样，“长尾鲨号”成了世界海军史上第一艘沉没的核潜艇。

从此，深潜试验在人们的心里留下了恐怖的印象，想到这一幕，人们对海洋的畏惧便会油然而生。

二十多年后的一天，在中国的南海，由我国自主设计研制的核潜艇首次在海上进行深潜试验，这对于研制人员来说是一个很大的挑战。

潜艇研制办公室桌前坐着一位慈祥的老人，花白的头发一丝不乱，深邃的眼窝里是一双睿智的眼眸。他目不转睛地盯着左手的报表，内心波澜起伏，正在酝酿一个重大的决定。

“总设计师，请您过目，这是这次深潜安排的第五次修改稿。”工作人员将一份文件递到了老人的手里。

老人接过文件：“我再仔细看看，我们一点儿问题都不能出。”

工作人员点了点头，办公室里弥漫着一股紧张压抑的气氛。

对于大家来说，这不仅是一次技术挑战，更是一次严峻的心理考验，大家都对当年美国“长尾鲨号”沉没事件有所耳闻，不敢有一点儿差错。

正是在这样的气氛中，老人宣布了他的惊人决定。

“咱们所有的设备材料都是我们自己造的，这是一次零的突破！大家都知道，开展极限深潜试验，没有绝对的安全保证，是技术和心理的双重挑战，我愿意时刻与大家并肩作战，我不仅是潜艇的总设计师，更是这次行动的主心骨，我决定和大家一起进行这次深潜。”

短短几句话，却让整个团队都震惊了。

原来，这位老人就是中国第一代核潜艇的总设计师——黄旭华，他决定亲自上艇指导下潜工作。

这是世界核潜艇发展历史上，首次由潜艇总设计师亲自下水，做深潜试验！

这个决定，让官兵们既惊讶，又感动，他们顿时感到心理压力减轻了。在他们眼里，既然核潜艇的总设计师都敢和他们一起深潜，那一定是对潜艇有着充分的信心，众人心里一下就有了底儿。

就这样，黄旭华带给了整个团队坚定的信念。

黄旭华并不能保证整个试验过程万无一失，但他对自己的“孩子”信心十足、充满感情，愿意陪着它共同出征。研发制造这艘核潜艇所经历的艰辛，只有他和身边的伙伴们知道。这艘核潜艇就像出生于中国的蛟龙一般，马上将要深入海中，等待着大海的检验。

一九八八年四月的一天，海面上淡淡的晨雾

刚刚散去，“长征四号”核潜艇便离开军港，驶向南海的特殊海域。这个深潜地点是为中国的核潜艇精心选择的，那里深度超过三百米。为了保险起见，团队还专门准备了打捞救援的设备，万一潜艇因故沉没，也可以把它捞上来，不像美国的“长尾鲨号”那样只能沉睡在数千米深的海底。

早上九点左右，暖暖的阳光照在海面上，折射出金灿灿的光芒，“长征四号”就像一条金色的蛟龙一样趴在海中，几只海鸥时不时停留在上面啾啾地叫着，好像在问：“我们脚下的这个大东西是什么呀？”

“深潜试验准备开始！”核潜艇内的黄旭华严肃地用广播说出了这句话。全体工作人员都站在自己的位置上屏住了呼吸，仔细盯着面前的工作台。

“五，四，三，二，一，深潜试验正式开始！”黄旭华的话音刚落，海面上的金色蛟龙便摇晃了一下身体，而后一头扎进了水里，属于它的冒险之旅正式开始了！

“长征四号”巨鲸般的身体渐渐沉入了水中，

海面救援船上的所有人都站在甲板上目不转睛地盯着正在下潜的“巨鲸”，等待着它的凯旋。

冒险的路上充满着未知与挑战，黄旭华和他的伙伴们也不知道在这神秘的大海里究竟会遇见什么困难险阻，但他们充满了勇气和自信。

核潜艇的深潜试验是一步一步分阶段进行的，“长江四号”先是潜到了距离海面一百米的深度。你可别小看这一百米，它可是相当于陆地上二十五层楼的高度了呢！

大海中一片宁静，黄旭华竖起了耳朵，仔细地听着，他需要灵敏捕捉核潜艇出现的任何声响，以此来确定此时此刻的核潜艇有没有出现问题。

“一切运行正常。”工作人员全面检查后反馈道。

大家终于舒了一口气，第一个一百米的小阶段取得了胜利，大家互相看看，给了对方肯定，神情又再次紧张了起来，因为他们还需要继续下潜，随着深度的不断增加，没有人能确定到底会不会出现问题。

就这样，核潜艇继续向着大海深处探索，二百米……二百五十米……到了二百八十米时，可怕的状况出现了。

二百八十米已经相当于七十层楼那么高了，这个深度的压强非常大，人类无法承受，也正是在这个深度，核潜艇开始出现了异常。

咔嗒，咔嗒，艇舱的门开始变形，发出了一阵阵的声响，大家紧张又害怕。

“发生什么事了？”

“咱们的这个核潜艇够坚固吗？”

“我们该不会就这样葬身于大海吧？”

大家心里有各种各样的想法。

“嘘！”黄旭华严肃地让大家安静下来，仔细地听着声响。

海水巨大的压力开始挤压艇体，部分舱门因为变形压紧而无法打开，令人心惊肉跳的咔嗒声也到处不停传来。

砰——一声巨响后，黄旭华及其他负责人连忙跑到了指挥间，眼瞅着一根支撑深度计的角钢随着下潜深度不断增加而渐渐扭曲，大家的心都

提到了嗓子眼儿，这场面让所有人都瘆得慌。

不仅如此，伴随着奇怪的响声，众人头顶上竟然开始滴答滴答地漏水，要知道在极限深度，一块扑克牌大小的钢板承受的压力就有一吨多，一百多米的艇体，任何一块钢板不合格，一条焊缝有问题，一个阀门封闭性不足，都可能导致艇毁人亡。

黄旭华和工作人员仔细排查，竟然发现了十九处正在漏水的地方！咔嗒声也一刻没有停止。

“怎么办？怎么办？我们应该怎么办？”参试人员有些不知所措。

“大家都冷静下来！这并不是很严重的问题，我们快记录下声响的次数，这个声音其实只是高压下艇体结构相互挤压所发出的，结构变形是正常的，都在设计与控制范围以内，漏水的地方我们检修紧固便可。”黄旭华安慰道。

大家一次一次地细数，那咔嗒咔嗒的声响一共响了十一次，每一次都击打着参试人员的耳膜和心房。大家都屏住呼吸，平静下来，不再让不安的情绪蔓延。

在接近最大深度时，黄旭华镇定自若，一步步指挥着参试人员按规程操作、记录、播报，一切紧张而有序。操作人员也个个精神集中、临危不惧，坚守在各自的岗位上。

中午十二时左右，当第二舱的深度计指针指向极限深度三百米，并略有超出时，黄旭华和所有参试人员全都屏住了呼吸，静静地等待了整整五分钟，核潜艇没有任何异常！

“停——”黄旭华宣布道。

随着一声清脆的“停”的指令，舱内寂静一阵后，爆发出了阵阵欢呼！

“成功了！我们成功了！”参试人员们开心极了。

“咱们的核潜艇下潜到了设计的极限深度，并且全艇的设备运转正常，这证明该核潜艇艇体结构的设计与制造是成功且合格的，通海系数安全可靠，符合战术需要。”黄旭华继续补充道，“可以返程了！”

这条蛟龙在海底世界探索了四五个小时之后，终于可以返回海面了。在确定一切安全之后，“长征四号”开始上浮。在上浮到一百米的时候，大家都兴奋地合影留念。黄旭华更是意犹未尽，他略一沉吟，而后挥毫泼墨，一气呵成，写下了一首诗：

花甲痴翁，志探龙宫；惊涛骇浪，乐在其中。

这首在核潜艇发展史上传诵的壮丽诗篇，不仅抒发出一种大无畏的豪情壮志，笔墨之间还洋溢着黄旭华自身的乐观主义精神。

随着核潜艇成功浮至海面，黄旭华也成了历史上第一个亲自跟随核潜艇完成深潜试验的核潜艇总设计师。终于，深潜试验成功了，中国的核潜艇逐渐崛起，中国的蛟龙也开始驰骋海洋，守护着自己的家园。

二〇一九年九月二十九日，中华人民共和国国家勋章和国家荣誉称号颁授仪式在人民大会堂隆重举行，中共中央总书记、国家主席、中央军委主席习近平为这位白发苍苍的老人颁授了“共和国勋章”。

“黄旭华，我国第一代核潜艇总设计师。他为国家利益隐姓埋名，默默工作。六十多年来潜心技术攻关，为核潜艇研制和跨越式发展做出巨大贡献。”这不仅是仪式上对黄旭华老先生的介绍，更是简单准确地总结了他的一生。

下面就让我们一起走进黄旭华的人生故事，看看他是如何让我国的茫茫海疆有了属于中国的“钢铁蛟龙”！

造船的小男孩

瓦蓝瓦蓝的天空云雾缭绕，在群山环绕、山清水秀、两溪交汇、聚气藏风的广东省汕尾市田墩镇，每家每户的屋顶上都飘着袅袅炊烟，这里是广东的海陆丰地区，一切都显得安逸祥和。

一双炯炯有神的眼睛，一个小巧玲珑的鼻子，一张能言善辩的嘴巴，一头乌黑亮丽的头发，一双大大的耳朵，这就是黄旭华小时候的样子。

黄旭华从小就生活在这片生机勃勃的土地上，他的家门口还有一块薄地，种植着一大片番薯和花生。小时候的他最喜欢在这块地里挖番薯了，因为在那儿，他会遇见许多从来没有见过的小动物和小昆虫。

黄旭华从小就具有探究精神，他看到了大蚂蚁，就会好奇大蚂蚁的家在哪儿，是什么样子的。他在地上专心地观察蚂蚁，一趴就是好几个小时，害得一起玩的小伙伴在田里好一顿找。

“小东西们，你们这是在干吗？”

一次，正在挖番薯的黄旭华趴在地上，看见一大群蚂蚁从洞穴里鱼贯而出。只见那群蚂蚁把一块食物围了起来，好像在说：“一二起！一二起！”

蚂蚁们有的在搬大块食物，有的在搬小块的食物，有的在前面拉着，也有的在后面推着，还有的爬来爬去，好像在指挥着：“加油！加油！”

黄旭华看见此情此景，不由得从心里赞叹：蚂蚁如此弱小的身体，却能搬运这么大的食物，它们那种齐心合力、团结一致的精神真是令人佩服。

有的蚂蚁累了也不放下，直到有别的蚂蚁来主动帮它，才肯把食物放下，交给来帮它的蚂蚁。黄旭华想：蚂蚁这么关心自己的队友。

蚂蚁急着赶路，不一会儿，把食物送到后，

又再次返回之前的地方继续搬食物。

原来你们是在搬家啊。黄旭华恍然大悟，不过，你们为什么要搬家呢？

又是几个小时过去了，直到蚂蚁陆陆续续回了窝，黄旭华抬头一看，才发现天空阴沉沉的。他立马起身，飞快地跑回家，刚一进门就下起了倾盆大雨，黄旭华明白了：原来，蚂蚁搬家是因为要下雨了！在生活和游戏中爱琢磨，这就是一个科学家在儿童时代显现出的独特个性。

黄旭华的妈妈曾慎其女士，既具有心地善良、勤奋吃苦、任劳任怨、乐善好施的性格特点，又具有胸怀宽广、豁达开朗、深明大义的风范，这对黄旭华的成长有着许多潜移默化的影响。小伙伴们只要看见了黄旭华的妈妈，都会亲切地叫上一声“干妈”，这是由于黄妈妈作为他们村子里的助产士，亲手迎接了无数新生命的到来。她医德高尚，心地善良，接生的事迹流传甚远。在任何时候、任何情况下，只要有人请她去接生，她总是拔腿就走，也从来都不计较接生费，永远都是给多少就拿多少。遇到家里有困难拿不出接生费的穷苦人家，她就会安慰说："不用给我钱了，只要等孩子长大后，叫我一声义姆（也就是现在干妈的意思）就好了。"于是，黄妈妈就拥有了无数的干儿子干女儿。他们亲切地喊上一声"干妈"，这不只是对黄旭华妈妈的一个称呼，更多的是对黄旭华妈妈动人事迹的纪念与赞美。

黄旭华不仅有这样一位好妈妈，同时也有一位同样对他影响很大的爸爸。在爸爸黄树穀的教导下，黄旭华拥有了朴实刚毅的爱国情感。

红红的太阳慢慢地从山尖后冒了出来，不一会儿，朝霞就洒满了大地，这个宁静的小山村也渐渐地从昨夜的美梦中醒了过来。没想到，原本岁月静好的安逸景象却被几个日本人打破了。

四五个日本人大摇大摆地来到了黄旭华家门口，他们使劲敲打着木门。黄爸爸听到之后立刻让孩子们和黄妈妈一起躲到桌子底下，自己却拿着木棒走到了门口。

木门上的锁没过多久就被日本人撞开了，一个日本军官刚走进黄旭华的家，就冲着黄爸爸说道："你这么有经商的头脑，应该给我们做事啊，出任维持会会长。”

黄爸爸镇定地说：“我这辈子都不可能给你们日本人做事的。”

一个凶神恶煞般的日本兵站了出来，凶狠地把黄爸爸踢倒在地，恶狠狠地说道：“再给你一次机会，你是答应还是不答应？”

黄爸爸坐起了身：“就算是被杀，我也绝不会做你们的走狗！”

日本兵被这句话激怒了，火冒三丈地走到了黄爸爸面前，把刀架在了黄爸爸的脖子上。蜷缩在一旁的孩子们看到爸爸陷入了危险，害怕地大哭起来，这哭声让日本兵发现了他们。

日本兵立刻威胁道：“你要是不肯答应，你老婆孩子的命也别想要了。”黄爸爸泪眼模糊地看着自己无辜的老婆孩子，内心矛盾极了。可是，他把对国家这个“大家”的忠诚放在“小家”的前面，一口回绝了日本官兵。

黄妈妈机智缜密，她想了想，跑到了房间里，从藏在床下的铁盒子里拿出一袋钱，送到了日本兵的面前，请他们放过黄爸爸。几个日本兵全都见钱眼开，这才放过了黄旭华一家。

黄旭华出生在这样一个大义凛然的家庭里，所以他也立志要成为一个像父亲那样具有坚贞不屈、视死如归的民族气节的人。

爸爸妈妈的思想、品德和行为对自己孩子们的影响极大。黄旭华既继承了父亲的勇敢爱国，也继承了母亲的无私待人，他们的善良和正直，为他日后的科学家之路奠定了坚实的基础，使他在研制核潜艇的过程中，克服了种种困难，面对挑战，无私无畏。

黄旭华从小就是一个听话乖巧、聪明伶俐、有抱负、有志气的孩子，他超越同龄人的不仅是机敏果断的行动能力，还有心细手巧的实践能力。

在那个年代，没有电视电脑、手机平板，他们的娱乐项目大多是自己动手来制作玩具。小朋友们都很喜欢和黄旭华一起玩，因为他总是能做出许多他们没见过的新奇玩意儿。

纸板、木板和橡皮筋，就这三样简简单单、看似普通平凡的小物件，黄旭华就可以凭自己的双手，制作出一架可以飞起来，还能滑翔一段时间的玩具飞机！

黄旭华制作的玩具不仅能上天，还能入海！

绚丽的朝霞映在辽阔的海面上，犹如仙女剪下的红绸，把大海装点得格外美丽。一大早，黄旭华就带着手工工具和几个小伙伴一起来到了海边。他们约好了要在那天做一条能在水中航行的小船。

黄旭华展开纸板，剪出一个椭圆形，在前面放了一些泡沫垫起船头。在小伙伴的帮助下，他又用剩余的纸板做好了船身。最后，黄旭华用木头做了一个明轮船尾，用橡皮筋固定在船身上，一条小船就这么做好了。

黄旭华把小船放到海里，转动明轮，小船就向前游了起来。可是黄旭华觉得，既然大海中的船能够自动前进，那么他也一定可以让这条小船自己动起来。黄旭华突然联想到了蒸汽火车，他从工具箱里找到了几块小木头，并异想天开地在船底凿开了一个洞，然后用火柴把木头点燃后放进了一个小铁盒里，最后将小铁盒从那个洞里塞进了船身。

黄旭华幻想点着了的木头积累了一定的热量，

通过小铁盒传递给整个船身，小船被小铁盒产生的热浪推着，就可以嘟嘟嘟地自己动起来。但黄旭华没想到的是，他把装着烧着的木头的铁盒往里一放，烟倒是出来了，可小船却还在原地，这使他懊恼极了。“造船事件”之后，黄旭华在心中埋下了梦想的种子，萌生了今后一定要自己做一艘大轮船的念头。

黄旭华这代科学家出生在二十世纪二十年代，那个时候国家并不富裕，还饱受着列强坚船利炮的肆虐，他们的心里都有着一个强国的梦想，许多人也正是在这一梦想的驱策下，一步一步成为功勋卓著的科学家的。

黄旭华从小在广东的海陆丰地区长大，那里历史悠久，文化深厚，英才辈出。海洋文化的创造性与开放性，红色文化的革命性和纪律性，以及民俗文化所培养的勇敢、智慧、善良等精神品质从小就浸润着黄旭华的心灵，当然也少不了黄旭华父亲和母亲的言传身教，这些使他树立了正确的人生观和价值观，是黄旭华成为杰出科学家的动力之源。

甘蔗地里的学校

和每一个幸福的孩子一样，黄旭华的童年也是充满笑声的。在树基小学读书的那段日子，社会相对来说比较安定，应该算得上是黄旭华求学生涯中最惬意的一段时光了。

田墘镇的早晨一片清清亮亮的，阳光透过淡淡的清新雾气，温柔地洒在小村庄里。黄旭华早早起床，他每天最期待的事情就是和二哥一起去学校上学。在二哥的呵护下，从来都没有地痞流氓敢欺负他。上学的路上，他总是可以撒着欢儿，悠然自在地玩耍，时而和二哥一起踢着皮球上学，时而又在路上捉两只蛐蛐带到教室去，不亦乐乎。

兄弟二人白天一起上学，晚上回到家还要一起背书，可对于哥哥来说，背书是每天最令他头疼的事情了。

“二哥，该你啦。”黄旭华大声喊道。黄旭华每次都是第一个背完书，因为他在之后还有一件更重要的事情，那就是帮助二哥背书。

二哥拿着书缩手缩脚地走到妈妈面前，把书递给她，然后特地绕到餐桌后面去，站得直直的。

“君不见黄河之水天上来，奔流到海不复回。”课文的第一句话二哥永远都背得很熟，可接下来的却忘得一干二净。

“君不见……”二哥挠了挠头，朝着黄旭华使了个眼色。

黄旭华立马踮起脚，悄悄地走到妈妈身后，开始摆弄起来。他举起一面镜子对着照了照，而后抓起一团面粉朝着自己的头发抹了抹。

二哥看到了黄旭华的动作，恍然大悟，背道：“君不见高堂明镜悲白发……发……”

背完了这句，二哥又想不起后面的来了，只

能抓耳挠腮地拖延时间。黄旭华思考了一下，又将手中的面粉抛到天上模仿下雪，可二哥还是怎么也想不起来。

发现这条路行不通了，黄旭华只好偷偷地从一旁拿出课本，翻到那一页给哥哥看。由于有些心急，他还一不小心拿反了书，二哥只好对着黄旭华挤眉弄眼，暗示他书拿反了。

二哥的小表情还没让黄旭华意识到什么，反倒是让妈妈察觉到了。妈妈一扭头，看见黄旭华小小的个子高高地举着书，满头面粉，不禁又好气又好笑。

“黄旭华！你在干什么？”妈妈呵斥道。

“我……我……我只是路过。”黄旭华立马收起了书，一溜烟跑走了。

妈妈摇了摇头，转过身：“你这个当哥哥的是怎么教育弟弟的，连个榜样也当不好？去把这篇课文抄十遍给我，好记性不如烂笔头，以后可不准作弊了。”

二哥点了点头，只能拿着书灰头土脸地走开。就这样，原本黄旭华是想给二哥帮忙的，却帮了个倒忙，连累他受到了训斥和责罚。

可即便如此，哥俩也是快乐幸福的。黄旭华也正因如此，才和二哥建立了一种特别的兄弟加同学的感情，用现在的话来说，就是建立起了“革命友谊”。

小学时期的黄旭华还表现出了一定的音乐天赋。黄爸爸有一架扬琴，一有空，黄旭华就会搬个小板凳坐在爸爸的琴前，当他唯一的观众。不过，黄旭华可不仅仅是当一个看客，他总是在旁边用心地看着，把爸爸的手法和歌曲的旋律都一一记在心里。等到爸爸不在家的时候，他就会咚咚咚地跑到扬琴前，慢慢模仿着弹弹，哪里不懂，就等爸爸在的时候向他请教一二，就这样，黄旭华便学会了一些弹奏的基本技巧。

黄旭华的抽屉里还躺着一个宝贝，那是他最拿手的乐器之一——口琴。他的口琴来之不易，所以一直很珍惜，每次吹完之后都会擦得干干净净再放回到抽屉里去。

说起黄旭华这个口琴的由来，也算是一个巧合。那天他和往常一样准备跟着二哥放学回家，可是由于要过节了，大街上的人非常多，黄旭华不小心和二哥走散了。

“二哥，你在哪儿啊？”黄旭华在来往的人群中仔细地找着哥哥的身影，可是由于人太多，他太小，被人群挡住了视野。

跟着人流走了好一阵子，他终于从人群中挤了出来，抬头一看竟是一处陌生的地方，不过，转角处有一个大人正拿着一只口琴吹奏着独特又悦耳的音乐，黄旭华听入迷了，和几个路人站在一旁听着。

“终于找到你了！”二哥从黄旭华身后一把把他抱起来，担心地说，“人这么多，你可得跟紧我，不然被人贩子骗走了怎么办啊？”

“二哥，那个人手里拿的是什么呀？”黄旭华指着口琴好奇地问道。

“那新奇玩意儿好像叫口琴，我们班上的一个女同学也有一只，不过那洋玩意儿貌似有点贵。”哥哥抱着黄旭华一边走一边说。

黄旭华第一眼就喜欢上了口琴，他在心中默默地给自己定了一个小目标：我要攒钱买口琴。

于是，黄旭华接下来的日子里就没有再乱花一分钱，还在家不断地做家务来赚取零用钱。这样默默地攒了两个月，他终于给自己买了一只口琴。

口琴拿到手了，可是问题又来了，这个洋玩意儿本来就没几个人会吹，那谁来当自己的老师呢？黄旭华自己琢磨了几天，就几天时间，他竟然也能吹一些熟悉的旋律了。之后黄旭华全靠自学，摸索着吹出了一首又一首好听的曲子。

从那以后，吹奏口琴和弹奏扬琴便成了黄旭华一生重要的业余爱好，在核潜艇研制的紧张时刻，他也时不时地会通过吹奏口琴，或者用扬琴弹奏几首曲子来舒缓情绪和压力，寻求灵感。

快乐的时光总是短暂的，一九三五年的夏天，黄旭华小学毕业了。由于他所在的村落里没有高级小学（那个时候他们一至三年级叫小学，四至六年级叫高级小学），他不得不离开家乡到外地去求学。他追随着二哥去了汕尾的作矶小学读书，这个高级小学离家很远，他只能选择在学校里住读。

对于刚满十一岁的少年来说，这么小就离开

父母去外地上学是一件不容易的事情。好在黄旭华在作砚小学里遇到的老师和同学都非常好，学校全方面培养了黄旭华的“德、智、体”，他还在那时开阔了视野，养成了影响终身的兴趣爱好——歌剧表演。歌剧表演不仅增强了黄旭华的信心，还让他后来在上海交通大学的艺术团中大放光彩。

黄旭华从作砚小学毕业之后，“七七事变”爆发，他也随之辍学在家。辍学期间，黄旭华也没有闲着，他和自己的大哥一起加入了抗日宣传队，在老家以文艺演出的形式宣传抗日。

直到一九三八年的春天，黄旭华准备去上的聿怀中学终于在日寇飞机的轰鸣声中重新开学了。与现在的学校相比，那时聿怀中学的条件非常简陋，别说操场了，连教学楼都只是一栋二层小楼加几间草棚子。

这几间四面透风的草棚子是新建的，也是黄旭华所在的初中部。令人无法想象的是，黄旭华和同学们的吃、住、上课全在这个漏雨漏风的草棚子里。黄旭华的心态一直很好，有时候晚上睡觉，他就随便在棚子外的草垛子上仰面一躺，看着天空中一眨一眨的星星进入梦乡。

但是，像这样平静安逸的日子也不常有。由于处在抗战时期，日寇的飞机在空中侦察轰炸都是司空见惯的事情。

嗡嗡嗡——

“这是什么声音啊？”正在上课的黄旭华第一次听见这个声音，他很好奇。刚问完同桌，一扭头便看见了外面的大飞机，飞机离他们非常非常近，似乎只有几十米。

“大家快躲到桌子下面去。”老师惊呼道。

孩子们都被吓得不轻，哭着，喊着，迅速地躲到了桌子下面。

从那天起，黄旭华发现飞机再也没有停过，总是会时不时从头顶飞过，有时投下炸弹，引发爆炸，建筑物的碎片到处飞。日本人的飞机一来，老师就会提着小黑板，把黄旭华他们带到甘蔗地里去，在甘蔗地里继续上课。

“这道题大家就在地上完成吧！”数学老师说道。

因为大家跑得太匆忙，没有带作业本，黄旭华他们只能一人拿着一根小树枝在地上计算了。

有时，为了安全起见，老师还会转移到山洞里，或别的比较安全的地方上课。那时候他们读书就和打游击战一样，精神和行动都非常紧张。

黄旭华在那个年代受过的苦，远不止这些，他们不仅学习环境简陋，生活条件也相当艰苦。聿怀中学的师生们每餐只有稀饭可以吃，根本没法吃饱，连青菜都难以吃到。大多数时候，将油条剪成一片一片，再蘸点酱油，对他们来说就是很丰盛的一顿了。

尽管如此，黄旭华在学校的学习依然井井有条，不仅白天要坚持上课，晚上还要上晚自习，并且有老师监督和辅导。黄旭华他们没有电灯，就连煤油灯在那个时代都是奢侈品，在聿怀中学，他们都是一人用一个碟子或墨水瓶装上一点儿豆油，然后找来一点儿棉花当灯捻子点亮。教师和学生们虽身处穷乡僻壤，生活窘迫，并且饱受飞机袭扰，但是教育和学习之志始终不渝，每个人都勤勤恳恳，夙夜匪解。

一九四〇年的夏天，受到战事的影响，聿怀中学已经很难保障正常的学习了，一个大胆的想法在黄旭华的脑海中出现——他决定独自一人追随大哥的脚步，寻找能够安心学习的学校。可他不知道的是，这不仅仅是他辗转求学路的开端，还有更多的考验在等待着他。

第一个考验，便是通信的困难。那个时候没有手机电话，通信只能靠书信，可是因为大哥的地址一直在变动，黄旭华与大哥的联系时断时续，这也导致黄旭华和大哥几次错过。

第一次错过便是在梅县。离开聿怀中学以后，黄旭华以为大哥在梅县，于是就立马启程奔赴梅县。可到了梅县之后他才知道，大哥已经去桂林了。那时黄旭华如果再赶往桂林，就赶不上桂林中学的招生考试了，于是他决定，先在当地上一年学。

那年秋天，黄旭华进入当地的广益中学，虽然广益中学的教学相对来说比较稳定，可是还有别的困难接踵而至，那就是经济困境。那个时候，他的家乡已经被日本人占领了，到处都是兵荒马乱，黄旭华时不时会与家人断联，他担心家人安危，也得不到家人汇的生活费，居无定所，食无保障，三天两头挨饿。广益中学既不提供住宿，又不包伙食，没有办法的黄旭华只能靠同学或者好心人接济度日。

就这样撑了一段时间后，黄旭华真的身无分文了，他既不想继续找别人借钱，也不想在外乞讨，只能一个人饥肠辘辘地躺在出租屋里。要是饿得实在不行了，全身直冒冷汗，他就喝点白开水。总算天无绝人之路，在饿了三天三夜之后，家里的汇款竟然奇迹般地到来了。

家里的汇款如同及时雨，他揣着汇款，匆匆辞别广益中学，向着桂林出发。

一九四一年六月的一天清晨，太阳在鸡鸣的催促下，慵懒地伸了伸胳膊，微笑着射出了第一缕光辉。黄旭华背着打包好的行李，和几个同学一起启程了。

他们先是坐汽车从梅县一路颠簸到兴宁，可刚刚到达兴宁的时候，意想不到的事情发生了。

一阵尖厉的呼啸声音过后，是一片铺天盖地

的爆炸声。日寇飞机在天空中狂轰滥炸，砖块、泥土、瓦片在空中纷飞，哭声、喊声、求救声不绝于耳，整个世界似乎只剩下了两种颜色：到处正在溅落的灰黑色以及夹杂其中的刺目的鲜红色。

黄旭华和几个同学一起到处躲躲藏藏，好在只受了点皮外伤，可当他们赶到原本准备居住的旅馆时，被眼前的一幕惊呆了。

一座三层楼的小型旅馆被炸弹炸毁，只剩一片废墟。一块块硕大的瓦砾组成的废墟，没有了原来的光彩与华丽，只剩下一片空白。生灵涂炭，财产被毁，无限的悲哀在这里疯狂地滋长。黄旭华看到，远处的废墟中站着一个绝望哭泣的小男孩，他心里一定在想：父母听到他的哭声一定会赶过来的，还会站到他面前来抱起他。可事实却是，战争让这一切都变得不可能了……

“黄旭华，愣着干吗？这里太危险，我们快走啊！”和黄旭华一起的同学提醒道。

黄旭华这才反应过来，但他不知道何去何从：“我们去哪儿啊？连住的地方都没有了。”

“别担心，我舅舅帮我们联系到了一个盐商，我们去找他问问看。”同学回答。

黄旭华点了点头，和同伴们一起在这个人生地不熟的小镇上找到了盐商。原来，那位盐商有一辆计划运黄鱼到韶关的车，好在黄旭华和同伴们运气好，在发车之前赶上了，他们就这样被当作“黄鱼”运到了韶关。

到了韶关之后，黄旭华终于又得到了大哥的消息——大哥在桂林中学没读多久就被中山大学录取了。那时的中山大学在广东北部的乐昌市坪石镇，黄旭华顾不上舟车劳累，立马又朝着坪石镇赶去，两兄弟终于在那里重逢，相拥而泣。

由于大哥心中的目标并不是中山大学，在中山大学待了两个月之后，他还是想要去重庆投考交通大学。于是，大哥亲自把黄旭华护送到桂林，将他安顿妥当之后，便即刻启程去了重庆，继续追逐自己的理想去了。九月，黄旭华也顺利在桂林中学入学，开始编织自己的人生梦想。

高中三年转瞬即逝，由于长沙的战事失利，桂林的形势急转而下，面临毕业的黄旭华遇到了他求学生涯中的第二个考验：无学可上。

无学可上并不是因为黄旭华的成绩太差，而是由于桂林中学无法给高三毕业班安排会考，仓促地照完毕业照、发放临时毕业证后便宣布他们毕业了。因为局势突如其来的变故，黄旭华和其他的朋友无法在桂林报考任何大学。于是，黄旭华又做了一个决定，要尽快离开桂林，继续追随大哥的脚步，朝着重庆进发。就这样，又一场充满艰难险阻的长途跋涉开始了。

战火还在燃烧，到处都是重重危机。黄旭华和他的同学们必须要在柳州火车站搭上火车前往贵阳。可是也正是因为战争，大家都想往安全的地方拥，导致柳州火车站人山人海，摩肩接踵。黄旭华的几个大件行李都被来往的人们给挤掉了，根本没有空隙能让他弯腰去捡，只能顺着人流朝前走。

整个火车站几乎都没有了秩序，根本没有人买票，也不知道上哪儿去买票，于是黄旭华就随手拿了点东西，被后面的人流推动着向前。火车车厢已经人满为患，黄旭华压根儿都挤不进去，他刚抓到车厢的扶手，火车竟然就开动起来。没有办法，黄旭华只能一直保持着这个姿势，小心翼翼地站在车厢门口，紧紧抓着扶手。

几个小时还能忍耐，可是时间久了，黄旭华的手渐渐开始发麻。火车外的景色虽美，可要是就这么硬生生地摔下去，肯定没命了，再说晚上要是睡着了，那可该怎么办呢？

聪明的黄旭华忽然想到，自己背包里有一条裤子！他赶忙用另一只手拿出裤子，一端系在自己的腰上，又把另一端系在门把手上，这样一来，黄旭华的双手就可以解放了，夜晚时他还可以时不时打个盹儿。

黄旭华乘坐的这列火车开得也非常艰难，走走停停，一路上都得让军用列车先行通过。过了好多天，列车总算开到了贵州的独山，但不能再继续往前走了，没有办法，黄旭华只好和同学一起下了车，选乘汽车赶往三百公里外的贵阳。但令他们没有想到的是，不仅坐火车困难，坐汽车也是一样困难，长途汽车非常繁忙，很难买到票，他们足足排了两个星期的队才买到汽车票，然后一路颠簸来到了贵阳。

到了贵阳，交通更困难了，一时间根本没法再去往重庆，他们只好在贵阳住下，等待机会。这一住又是一个多月，带的钱财也所剩无几，在这种情况下，黄旭华没有放弃，一直坚持着自己的梦想，总算渡过难关到达了重庆。

按说，历经千辛万苦，到达了重庆的黄旭华应该高兴才对，可是，命运多舛，此时各个大学招考已过，把他们到达重庆的喜悦驱散得一干二净。

像黄旭华这样流亡到重庆的学生很多，大学成立了一个大学先修班，为他们来年报考各个高校提供了一个学习之地。这个先修班不收一分钱，不仅没有学杂费，而且吃住全免，这对于黄旭华来说简直就是一个极大的好消息，他顺利进入了这个先修班进行学习。

一年的时间转瞬即逝。黄旭华以优异的成绩考入了国立交通大学的造船系。至于为什么会选择造船这个专业，想必与他辗转求学的心路历程分不开。在聿怀中学、桂林中学读书期间，在这一路追随着大哥的脚步奔波期间，黄旭华无数次亲身经历了日寇飞机的狂轰滥炸，亲眼看到了许许多多的同胞倒在血泊之中。

在经历了无数的愤恨和痛苦之后，黄旭华悟出了一个道理：没有强大的国防安全，就没有国家的安全、生命的保障、学习的安定。因此，在报考大学专业时，黄旭华和同学们都不约而同地选择了航空、造船等能够直接提升国家技术、国防实力的专业。

从聿怀中学到上大学期间的求学经历和学习过程，不仅在黄旭华的脑海中留下了极其深刻的记忆，也对他的一生产生了巨大的影响。

黄旭华的求学之路无疑是艰辛的，在聿怀中学、广益中学和桂林中学上学的生活也无疑是困苦的。但是，这些经历都变成了财富，它磨炼了黄旭华的身心和意志，赋予了他不惧困难、百折不挠、勇往直前的精神。这坚强的意志，也成为黄旭华后来在研制核潜艇的过程中攻坚克难的最有力的武器。

辗转求学，是黄旭华一生中的重要起点，不

仅磨炼了他的意志，更让他接受了先进文化的熏陶，得到了现代科学知识的滋养，同时完成了人生理想的转型。

“山茶社”里的歌声

一九四五年八月十五日，日本宣布无条件投降，这场抗日战争，以中国人民的最终胜利画上了句号。黄旭华精神振奋，他对自己和国家的前途都充满了希望，怀揣着梦想与期待，去交通大学入学，正式开启了精彩的大学生活。

黄旭华走进交通大学的校园，只见绿树成荫，在阳光的照耀下，树叶一闪一闪的。平时娇嫩的花儿，也变得格外挺拔。这与他憧憬中的大学景象一模一样，他忍不住俯身嗅了嗅路旁的花儿，尽情地享受大学校园里的一切。

正式开始上专业课后，黄旭华才发现，这和他想象的有些不同。课本是纯英文的，老师讲课也用的是英文，就连考试题目和平时做笔记都要求用英语，这对于黄旭华来说，实在是让他头疼。以前他对自己的英语水平还比较自信，对英语也有很浓厚的兴趣，高中时候的英语考试他总是考第一名。可现在真的按照全英语模式学习时，黄旭华才发现自己的英语能力还有许多不足。

黄旭华没有退路，于是，他开始努力地学习英语。天刚蒙蒙亮，室友们还在睡觉，黄旭华便早早地洗漱完毕，带着课本在离宿舍较远的地方大声朗读。平时要是碰到不认识的单词，他也会专门准备一个本子记录，每隔三天进行一次默写。同时，书中的每一句话他都会在心中默默翻译好多遍。通过一段时间的学习和适应，效果非常明显，他逐渐跟上了学习的节奏，不仅上课能听懂老师所教授的内容，而且还能时不时地和老师用英语互动。

黄旭华在上学期间始终崇尚两个原则，这也是在他眼里作为一个学生应该做到的两点。第一个是不挂科。“挂科”也就是所说的考试成绩不及格。黄旭华有时因为特殊事情没有去上课，但是课后他也一定会借同学的笔记誊写，并且自己在课后认真学习。就这样，黄旭华凭借自己良好的学习习惯，在大学期间没有一门挂科。第二个是绝不作弊。黄旭华一直认为，如果课程挂科，那顶多是态度问题，但是如果考试作弊，那就是品德问题了，他永远不会去做一个品德不好的人。

刚才提到的特殊事情，有一件就是黄旭华当了一段时间的家教。黄旭华在大学期间考虑到自己的弟弟妹妹们都要上学，从来不主动找家里要钱。当时交通大学的学生做家教很受欢迎，并且报酬也不错，所以缺钱用的黄旭华便开始了自己的家教生涯，他所辅导的孩子后来还考取了南开大学。

这下，黄旭华的经济条件得到了根本性的转变，除了支付学习和生活的费用之外，还有结余，他竟然成了经济比较富裕的学生。不仅如此，黄旭华还用自己做家教打工的钱买了一块防水的低端瑞士手表，着实让身边的同学羡慕了一把。

由于耽误了自己的学习时间，以第一名考进交通大学的黄旭华的成绩就没有那么突出了。不过，虽然黄旭华在交通大学读书期间的成绩不是最好，但是他在学校的综合表现却是最突出的。他先后获得过交通大学奖学金、上海市统一奖学金以及上海市轮船业同业奖学金。由此可见，交通大学并不会只把成绩作为优秀学生的唯一评判标准，它注重的是对学生综合素质的培养。

参加和组织各种学生运动、加入中国共产党地下党组织和智勇斗敌等一起组成了黄旭华在交通大学最精彩的乐章，而这个乐章是从他正式加入“山茶社”开始奏响的。

什么是山茶社呢？其实它是大学里的一个社团，这个社团的活动主要是通过歌舞、短剧、影子戏等形式在学生运动中进行宣传，并组织辅导学校文艺活动，团结学生。值得一提的是，大家在社团里唱跳的歌曲不下三四十首，其内容有显示意志和力量的，有揭露丑恶现实、向往美好未来的，还有抗战歌曲和苏联歌曲等。

由于黄旭华具有较好的音乐基础，并且他辍学在家时和二哥一起多次参加过抗日宣传演出，积累了丰富的表演经验，他在加入山茶社后，文艺才华和组织领导能力便迅速表现了出来。黄旭华积极参加山茶社的各种活动，对于文艺演出倾注了自己最大的热情。他多才多艺，既可以引吭高歌，又会演奏口琴、扬琴、小提琴等，同时还是合唱团及乐队的指挥。

黄旭华等山茶社的社员们，不仅在交通大学校内组织各种学生活动，还积极走出校门，在校外组织具有进步意义的演出，有余力的时候还辅导一些中学生的文艺活动，产生了良好的社会影响。

从一九四六年到一九四七年短短两年的时间，山茶社对于活跃交通大学的气氛及丰富学生的文化生活，起到了很好的推动作用，得到了学校管理层的认同和支持，因此山茶社拥有了一间可以办公也可以活动的教室。

山茶社是交通大学学运史上的一座丰碑，也是交通大学中共地下党组织领导学生反对国民党当局、追求真理和正义的战斗堡垒，它如同火红的山茶花一样始终映照和激励着莘莘学子为建设强大的国家而筚路蓝缕、自强不息。在今天的上海交通大学，原山茶社的旧址处种有一棵山茶树，立了一个山茶社的纪念碑，以纪念山茶社那段如火如荼的光荣岁月，同时见证交通大学地下党的革命历史。

此外，山茶社为了扩大影响，宣传进步思想，还会不定期印刷社刊《山茶情》在学生中散发。通过这些活动，山茶社的影响与日俱增，不仅成了交通大学学生运动的核心组织，同时也引起了国民党当局的注意。

在山茶社期间，黄旭华和几个社团成员干了一件大事，带领着三千多个交通大学的学生一起，投身了一场决定交通大学生存与未来的学生运动。

一九四六年冬，国民党当局要压缩交通大学的教育经费，要求交通大学停办航运和轮机两系，并改名为“国立南洋工学院”。从那以后，教育部拨给交通大学的钱仅为实际需要的五分之一，教职工工资一再拖欠，公费生每日生活费仅仅够买两根半油条。

大家吃不饱穿不暖，而且连引以为豪的“交通大学”校名都要保不住了。当局的蛮横态度使得黄旭华等交大师生更是激愤异常，于是决定全体去南京请愿。

一九四七年五月十三日早上五点左右，东边的地平线刚刚泛起一丝光亮，小心翼翼地浸润着浅蓝色的天幕，新的一天渐渐来临。黄旭华他们早已起床，准备着那天要干的大事。

“大家快上车——”黄旭华向他身后的几千名学生挥了挥手，学生们立刻接二连三地上了汽车。这些汽车都是交大校友上海总务局局长特地调来的，开往上海火车站的方向。原本大家准备从上海火车站出发去南京，可是到了火车站他们才发现大事不妙。

火车站的火车怎么全都不见了？原来提前听到了风声的市政当局害怕学生做出什么事，于是便早早地安排火车站的工作人员把火车头和车厢都藏了起来。但是学生们人多力量大，在进步工人的帮助下，经过多方努力找到了火车头和车厢。

可是，火车站一个工作人员都没有，他们怎么启动火车去南京呢？正当大家都很头疼的时候，机械系的同学们回忆着书上的理论内容，双手不停地摆弄着，没一会儿，令大家惊喜的声音响了起来。

哐当哐当哐当——火车真的如大家所愿发动起来了，随后，这个满载着交通大学和前来声援的复旦大学、同济大学等高校学生的声势浩大的团体轰轰烈烈地朝着国民党当局所在地南京进发。

令黄旭华没有想到的是，还有更多阻碍等待着他们。当火车行驶到半路的时候，黄旭华看到远处的铁轨有些异常。

“停下，快停下！”有同学大声叫道。下火车查看情况的同学们大吃一惊，前面一段路的铁轨竟然不翼而飞。后来才知道国民党当局为了阻止学生，专门拆除了那一段的铁轨。

上有政策，下有对策。

“不然我们把后面的铁轨拆下来再装到前面的路基上？”土木系的同学建议道。

“好主意啊，咱们这就行动。”大家立刻动起手来。

“团结就是力量，团结就是力量，这力量是铁，这力量是钢，比铁还硬，比钢还强……”大家一起一边唱着歌一边把后面的铁轨拆下来装到前面的路基上。就这样，拆一段装一段，火车继续向前开进，其间还冲破了国民党军队的阻拦。

终于，国民党当局急红了眼，立刻派人把转弯处的道岔都拆除了，这样一来，黄旭华他们确实没有办法再前进了。不过同学们也毫不退缩，不能前进的他们便干脆停在原地，阻碍当局交通。

没有办法，国民党当局迫于各种压力，只好派出教育部长与这些学生谈判。谈判现场隔着一个山坡，国民党当局谈判小组抬着扩音器与学生对话。可学生纠察队的同学们发现谈判现场的附近埋伏了许多军队，黄旭华等学生代表表达了强烈不满，提出如果要谈判，就得先撤走军队。国

民党当局没有办法，只好被迫让步，同意了学生的要求。

在各个学校、各个系所有同学的努力下，护校运动取得了胜利。在护校运动中，黄旭华一方面和同学们不畏危险，积极参与同当局的斗争，另一方面还充分发挥了自己的文艺特长，带领大家一起高唱《团结就是力量》等鼓舞士气的歌曲。

通过护校运动的胜利，黄旭华深刻认识到，要想取得斗争的胜利，一是要勇敢，不能软弱，二是不能孤孤单单地自己做事，要发动群众的力量，要团结，一定要齐心协力，同时也要争取支援。这些在实践中取得的认识和心得，也是他在新中国成立以后参与核潜艇研制时克服困难、取得成功的思想源泉。

在交通大学的黄旭华，一直都具有参加政治活动的热情。在辗转求学的过程中，他既亲身感受到了日寇侵略所造成的痛苦，也目睹了国民党当局的腐败，但同时他也隐隐约约地感觉到当时在中国有一股新的思想、新的力量，谋求着国家的富强与独立。

黄旭华在大学期间顺利加入了中国共产党，并且也成了地下党组织的一员。一九四八年底，国民党特务开始对地下党组织及进步学生展开疯狂的抓捕，那段时间，黄旭华和许多地下党员都面临着一场血雨腥风。

一九四八年底的一天，那是一个黑沉沉的夜晚，仿佛无边的浓墨重重地涂抹在天际。黄旭华和舍友厉良辅早已进入了梦乡，突然门外响起了敲门声。

黄旭华微微睁开了双眼，问道："谁啊？有什么事情吗？"

"那个，让厉良辅去学生会开会。"说完，门外便没了声音。

听到了动静的厉良辅坐起来穿好衣服，准备出去。

"等等，厉良辅，你是学生会主席，学生会要开会你会不知道吗？还用他来通知你？"黄旭华抓住厉良辅的手腕，拦下了他。

厉良辅想了想："说的也是，好像没有这回

事，而且都这么晚了。”

他们的宿舍在一楼，一楼的窗外有一个烧开水卖钱的老虎灶，黄旭华走到窗边，伸出脑袋一看，发现老虎灶的树底下蹲着好几个人，那些人一看就不是学生。

黄旭华和厉良辅疑惑万分，这大半夜的，到底是谁蹲在那里呢？学生会难道真的这么晚开会？为什么会是成员通知主席？后来黄旭华他们才明白，最近国民党特务经常混到学校里抓人，厉良辅身为学生会主席，又是山茶社的社员，经常带领学生开展学生运动，虽然他还不是地下党组织成员，但是早就进入了国民党特务的黑名单。

“一定不能去。”黄旭华坚定地对厉良辅说。

厉良辅点了点头，突然，敲门声再次响了起来。

“厉良辅已经去了啊。”黄旭华装模作样地说。

可是，国民党特务们一直守在门口，他们当然不会相信，接着便拿出了提前配好的钥匙，将钥匙插进了门锁，想要直接开门进来抓人。黄旭华和厉良辅赶紧死死地顶住了房门。

此时此刻，情况危急，眼看着门一点点被推开，黄旭华急中生智，大声呼叫："同学们！特务来抓人了！"

这句话刚一说完，整个宿舍楼顷刻间就轰动了，同学们纷纷朝着他们宿舍拥过来。那个时候国民党特务还不敢在交通大学里明火执仗地抓人，他们意识到事情不妙，只好仓皇而逃。

交通大学的学生会主席厉良辅终于在黄旭华和同学们的帮助下逃过了一劫，令黄旭华没想到的是，他在之后也机智而侥幸地躲过了一次国民党的大追捕。

一九四九年四月二十五日夜，大地已经沉睡了，微风轻轻地吹着，除了偶尔的一两声狗吠，冷落的街道寂静无声。作为山茶社成员在学校做了一天迎接解放工作的黄旭华终于回到了寝室准备休息，他刚躺下，外面就突然传来一阵嗒嗒嗒的机关枪扫射声，由远及近，朝着学校而来。

黄旭华立刻跳下床，他激动极了，和同学们

一起高兴欢呼。他们都以为是解放军入城了，于是赶紧起来穿衣服准备迎接解放军。

黄旭华刚迈出宿舍门，就迎面遇上了一群凶狠的国民党宪兵。

“不准动，都不准动！”国民党宪兵大声地对着黄旭华等学生喊道。

“糟糕！”黄旭华突然意识到，这根本就不是什么解放军进城，而是国民党进来抓人了。他心里明白肯定不能再回到房间里了，于是四处看了看，突然注意到了角落里的小隔间，那个狭小的隔间是他们宿舍的厕所兼洗手间。说时迟那时快，黄旭华立刻闪进了洗手间，在长长的洗手台下的水槽内躺下，一动不动地躲在那里。

在洗手间里，黄旭华清楚地听见了宪兵一间一间清点宿舍并抓人。

“你怎么躲在这里啊？”一个声音在黄旭华的耳边响起。

黄旭华被吓了一大跳，定睛一看才发现原来是自己的同学。

“你躲在这里也不是个办法，迟早还是会被发现的。这会儿二、三楼的宪兵正在换岗，你可以趁着这个时间差，跑到三楼去躲着，那边已经查过了，应该不会再去了！”同学善意地建议道。

黄旭华听了这个同学的话，也来不及多想，立刻从水槽里钻了出来，连忙跑去三楼。他一路躲躲藏藏，顺利到达了三楼，发现这里果然没有宪兵看守，便随便找了一间宿舍躲了进去。

刚躲进三楼宿舍，随后他便听见楼下的国民党宪兵生气地大叫：“三个房间的人竟然都给跑掉了！真是岂有此理，都给我出去把他们找回来！”

终于，宪兵们离开了，黄旭华也逃过了一劫，得以继续在交通大学学习。

交通大学是黄旭华理想中的大学，造船专业也是他理想中的专业，是他实现科学强国梦想的职业追求。交通大学的专业学习是他学术成长的起点，并夯实了他的专业技术基础。他不仅接受了西方先进的教学历练和知识体系的熏陶，还得到了国内顶尖教师的耳提面命。

交通大学的学生组织和活动极好地锻炼了黄

旭华的组织和领导能力；加入地下党组织，完成了革命思想的启蒙，培养了他为革命无私奉献的价值观；在白色恐怖中坚持智勇斗敌也磨炼了他坚强的意志。核潜艇的研制面临着各种艰难险阻，这些能力和品质就是他带领技术团队攻坚克难最有力的精神保障。

人生观是对人生目的、意义和道路的根本看法和态度，它有助于树立恰当的人生目标，也左右着人生的每一次选择，对人生道路和生活方式起着决定性的作用。

后来，黄旭华院士经常谦逊地说自己这辈子是幸运的，总能逢凶化吉，总有贵人相助。但事实上，这种幸运绝非偶然，而是一种必然，源自黄旭华正确人生观的内在驱动。

黄旭华在交通大学四年的学习与生活，惊心动魄、丰富充实又精彩绝伦，为他的人生道路奠定了坚实的基石。

与潜艇结缘

夏日的晴空是灿烂的，天是那样蓝，阳光是那样强烈，不知不觉中一九四九年的夏天到来了。上海全城解放，黄旭华等交通大学的学生都回到了校园，他们组织起来整理被国民党军队破坏的校舍。六月初，学校便草草宣布黄旭华这届学生毕业。

黄旭华打包好行李，背在身后，和几个同学一起，走向天南海北，去追逐自己人生的理想。当时的南方有些地方还没有解放，黄旭华便决定亲自去解放自己的家乡。

那天下午，天气十分炎热，整个城市像烧透了的砖窑般使人喘不过气来。一条长长的队伍，顺着路边排着，很多同学都想要报名参军，每个报名的人都要严格地填写各种表格，黄旭华只好排着队龟速前进。

“黄旭华，你就不要报名了！”突然有人从黄旭华的背后走过来，拍了拍他的肩膀对他说道。

黄旭华一转头，发现是之前地下党组织与他联络的一位领导：“啊……为什么呀？大家不是都想报名南下吗？”他有些疑惑。

“组织上决定，要送你去上海市委的第一期党校学习，你想不想去啊？”领导询问道。

一听到可以去党校学习，黄旭华高兴极了，可是同时他心里又有些矛盾，毕竟自己的家乡都还没有解放，他也想参军亲自去解放自己的家乡。不过，后来，黄旭华仔细思考了一会儿，认为自己还有许多的革命道理没有弄明白，理论也很欠缺，打心底里希望能有机会系统学习共产党的革命理论、历史和章程。

“我愿意去。”黄旭华接受了组织的安排，背着自己的行李去党校报到了。

在党校学习了大约四个月后，组织上考虑到

黄旭华的专业背景，把他分配到了当时的华东军管会船舶建造处。从此，黄旭华正式从学校走进了社会，开启了人生的新历程。

从党校毕业以后，黄旭华走马灯似的三年换了三个工作单位，并不是因为他不安心工作，而是他在寻找能实现自己人生理想的道路。

虽说干了三项完全不一样的工作，但他把每一项工作都干得很出色。这三个单位的工作内容都围绕着他的专业，所以对黄旭华工作能力的提高，视野的开阔，都起到了良好的作用。

一九五〇年黄旭华任轮船招商局局长秘书时，局长于眉评价说他做事有两个特点。第一，工作泼辣，办事干练，有坚定的决心。在工作中，只要他下定决心，就会雷厉风行地行动起来，这让许多人都很敬佩。第二，他对工作中的各种数据非常重视，认为没有数据就没有发言权，不能随意做出决定，而一旦掌握了数据，就要快速做出坚定的决策。

当船舶工业管理局成立时，黄旭华敏锐地意识到这才是发挥自己才干的理想平台。在这里，黄旭华认真地沉淀了自己，能力得到了极大的提升，从而具备了扛大梁、担重任的条件。

在黄旭华实现自己专业技术积累的过程中，他也步入了婚姻殿堂。他在工作中与李世英女士由相识到相知，由相知到相爱，最终结为伉俪。执子之手，与子偕老，成就了人世间又一个美满的婚姻与爱情佳话。

“二战”以后，冷战的阴云笼罩着整个世界。美苏两个超级大国在核领域你追我赶，英法等国的核武器技术也突飞猛进。为了打破这个局面，我国也于二十世纪五十年代中期开启了以原子弹、氢弹为代表的核武器研制工程。一九五四年，美国成功研制出了世界上第一艘核潜艇“鹦鹉螺号”，并在试航成功后开始服役。一九五七年，苏联也研制出了它的第一艘核潜艇“列宁共青团号”，同样在试航成功后开始服役。

面对这样两个超级大国的发展形势，自古就有拼搏和探究精神的中国人怎么会无动于衷？一九五八年，我国第一个核潜艇总体建造厂正式被中共中央批准上马，核潜艇工程的各项工作便紧锣密鼓地展开了。

由于核潜艇的研制需要保密，所以国家给了它一个代号——“09”。“09”这个被中国核潜艇工程使用了半个世纪之久的绝密代号，在今天已成为国人皆知、充满骄傲的公开的秘密。

我国的核潜艇研制工程正式启动后，当然希望能够得到苏联的帮助和支持，可是苏联不但对我们的请求表示了漠视和回绝，甚至还在长波电台及联合舰队的建设方面无视我国的主权和安全诉求，为此，毛主席字字铿锵地说：“核潜艇，一万年也要搞出来！”

这句气势如虹的口号，不仅坚定了黄旭华等科研工作者独立自主研制核潜艇的信心，也宣示了中国人民不畏霸权、自强不息的意志和精神。在那个特殊的岁月中，黄旭华深深地被毛主席这句热血沸腾、情绪激昂的誓言感化，他下定决心，一定要把中国的核潜艇给搞出来。

一九五八年八月的一天，正在画图纸的黄旭华突然被领导叫到了办公室。

“局里安排你下周去北京出差，回去好好收拾收拾行李吧。”领导对黄旭华说。

由于黄旭华所在的单位本就会接触到很多需要保密的任务，他已经养成了习惯，所以当领导没有告诉他去北京有什么任务，也没说要去多少天时，他就没有问。回到家，黄旭华跟妻子打了个招呼，行李也没怎么收拾，就朝着北京去了。

“这次，组织让你来，是要你参加核潜艇研制的工作，别回去了，就在北京工作，一会儿就去海军大院报到吧。”黄旭华接到通知时都还没做好心理准备，他甚至都没来得及向妻子和女儿道别，就这样留在了北京。

黄旭华不知道，为了这项工作，他所付出的代价远远不止这些，这只是他隐姓埋名奋斗历程的开始。

那时的中国，军事方面的武器还很落后，一切都只能靠自己。除了黄旭华以外，还有很多来自四面八方的优秀人才被召集到了北京，每一个人对于研制核潜艇的热情都很高涨。虽然大家都没有见过核潜艇，但这也正好打开了他们的思想束缚，反而可以更加随心所欲地充分发挥自己的想象。

独自一人在北京的黄旭华每天都很思念自己的妻子和女儿，可是他没有别的办法，只能先硬着头皮去完成自己的任务。

夜深人静的时候，他时不时地会想起自己年轻时候的求学经历，当时到处都是日寇飞机在狂轰滥炸，他亲眼看到了许许多多的同胞倒在血泊之中。黄旭华再次想起了那句话：没有强大的国防安全，就没有国家的安全、生命的保障、学习的安定。

黄旭华没有一句怨言，抛开自己所有的杂念，全身心扑在了核潜艇的研制上面。

黄旭华和大家一起从理论出发，学习和消化了苏联常规潜艇的转让制造技术，对常规潜艇的设计原则及各种计算数字资料进行意义验证，同时也尽一切可能查找和收集国外的资料，系统地开展核潜艇的探索性研究。

大家知道常规潜艇和核潜艇有什么区别吗？

黄旭华和同事们最开始的任务就是要弄清核潜艇到底是怎样的一种潜艇，它与常规潜艇又有什么样的区别。最初，黄旭华他们想得比较简单，觉得核潜艇其实就是在它肚子中间剖开，然后塞进去一个反应堆就好了。可事实远远没有那么简单，他们查询了资料后发现，核潜艇的具体吨位、下潜的极限深度、水下自持力、航速是多少等重要技术参数，他们一点儿底也没有。

在这里，简单介绍一下常规潜艇和核潜艇的区别。

一个是动力来源不同：

常规潜艇是用柴油机作为动力源的，边航行边带动发电机给电池充电；核潜艇则是以核反应堆为动力来源设计的潜艇，只有军用潜艇才采用这种动力来源。

第二个是航程不同：

常规潜艇水下航行受蓄电池电量的限制，需要经常浮出水面，或在水下一定深度使用柴油机航行，并带动主电动机为蓄电池充电以补充电量；核潜艇水下续航能力能达到二十万海里①，自持力达六十天至九十天。

第三个是潜艇作战方式的不同：

---

① 航海中使用的度量单位，1海里约合1.85千米。——编者注

常规潜艇由于水下通信问题还没有完全解决，因此潜艇只能按计划，以时间协同，或以海区协同的方式，配合水面舰艇作战；核潜艇以鱼雷、弹道导弹、巡航导弹为主要武器，用于攻击敌方的水面舰船和水下潜艇。

由此可见，核潜艇对于提升一个国家的军事能力有多么的重要。也正因如此，黄旭华和同事们才会坚定地一起努力奋斗，全身心投入，加班加点地进行研究，经常夜深人静的时候才回到宿舍，由于太过劳累，几乎人人都是倒头就睡。

不过，功夫不负有心人，黄旭华和同事们居然只用了短短三个月的时间，便提出了五个核潜艇总体设想方案，其中有三个普通线型和两个水滴线型。

普通线型也就是流线型，你可以把它的外形流线想象成一条鱼，有一定的曲线弧度，艇身细长。水滴线型，顾名思义，是类似于水滴的形状，头圆尾尖，这种形状在流体中运动时所受到的阻力最小。

这五个最初的方案，严格来说也不能算是真

正意义上的初步设计方案，它们只能算是设想，但这毕竟是属于中国人的最早的核潜艇设想，具有开创性的意义，里面包含了许多创新思维。

对这几个方案进一步研究和分析后，黄旭华和同事们初步肯定了水滴线型。这个时候，他们多么希望能够得到相应的技术支持，黄旭华列举出了许多研究过程中遇到的问题，想要借助我国专家代表团访问苏联的机会寻求援助。

一开始，专家团失望而归，可让黄旭华意外的是，过了小半年后，苏联驻华使馆竟然转来了苏方的《对于导弹原子潜水艇研究设计初步方案所提各项问题的回答》，对中方代表团及技术人员提出的问题，以书面的形式给予了详细的回答，一共回复了足足七十一个问题，主要涉及核潜艇初步设计方案、核潜艇动力设计原则和导弹武器三大方面。

在黄旭华看来，苏联专家的意见就像一场及时雨，很大程度上增强了他们的信心。苏联专家给出的肯定、指出的错误，对于黄旭华他们来说就如同珍宝一样，使他们对之后的科研工作充满了希望：核潜艇并不是啃不动的硬骨头。

那个时候，科研条件非常艰苦，不仅相关的资料奇缺，计算条件也非常有限。

资料是科学研究中最重要的基础，缺少资料就相当于学习没有课本。当时不仅核潜艇的资料少得可怜，就连常规潜艇的资料也不多，而且真真假假、鱼龙混杂。

黄旭华向大家提出了“三面镜子”资料筛选方法，得到了一致好评。

难道照照镜子就可以得到他们想要的资料吗？这显然是不可能的，其实黄旭华提出的三面镜子只是一个比喻。

第一面是放大镜，黄旭华鼓励大家沙里淘金，在大量的信息堆里寻找出有用的信息。

第二面是显微镜，去粗取精，对筛选出来的信息进一步深入研究，看清问题的实质。

第三面是照妖镜，去伪存真，有很多真真假假的信息需要他们自己分辨，保留真实且有价值的部分。

有了这三面“镜子”帮忙，资料奇缺的问题

算是解决了一些，可是计算问题依旧让他们头疼。计算是科学研究和工程设计中最常规也是任务量最大的工作，可当时的他们只有两项计算工具：一是计算尺，二是算盘。

你根本无法想象，无论是总体组还是动力组，那成千上万组数据的运算都是靠尺子和算盘计算出来的，尺子和算盘上的磨痕深深印刻着他们当年的辛苦。

有一天，正在埋头苦算的黄旭华收到了一封加密电报，这封电报对他来说简直就是一个晴空霹雳，他远在家乡的父亲去世了。

黄旭华看着解密后的电报内容，以为自己在做梦，一时间愣在了那里，沉默了许久。渐渐地，豆大的眼泪顺着他的眼角流了下来，黄旭华已经好多年都没有见过自己的父母和兄弟姐妹们了，可这次他无法赶回家参加父亲的葬礼，因为他还有更重要的事情去做。

黄旭华心里酸酸的，他非常想要把自己的近况告诉亲人们，他也非常想念他们，可是由于工作的特殊性质，他必须对周围的所有人保密，包

括自己的亲人。

“黄工程师，这里有一个数据好像出了点问题，麻烦您来看一下。”办公室的一位工作人员站起身，对着黄旭华的方向喊道。他看到了泪眼模糊，盯着电报的黄旭华，不由得愣在了那里。

黄旭华的内心非常痛苦，但同时，他也非常理智，他调整好了自己的情绪，便再次投入到工作中去。

黄旭华对于父亲去世不能回去这件事心怀愧疚，他却没有向自己的家人解释，也没法解释，因为解释清楚了就会泄密。

另一边，黄旭华的亲人们既生气又伤心，他们不明白他到底在做些什么事。黄旭华的母亲却相信自己的孩子，她并没有指责黄旭华，还在一旁安慰他的弟弟妹妹，让他们理解自己的哥哥。

可对于什么都不知道的兄弟姐妹来说，他们又怎么能理解呢？黄旭华为了保密，为了国家，只能默默背负愧疚和兄弟姐妹们的埋怨。

一九六二年，黄旭华的妻子因为工作被调到北京，把女儿也一起带了过来，一家人总算结束了三年的分居生活团聚在一起。当李世英也进入“09研究室”，从事资料收集、整理与翻译工作后，她才知道黄旭华到底是干什么工作的，过去的一切不理解和埋怨也烟消云散了，她无条件支持黄旭华的工作。

一次出差就此改变了黄旭华的人生轨迹，他的生命也从此与核潜艇结缘，他的能力与才华在核潜艇的研制中大放异彩。黄旭华从一名普通的职员顺利成长为“09”项目的总工程师，这里面固然包含有个人先天的才能与人生中的机遇，但更多的，则是一份崇高的信仰与理想，一份对国家、对民族责任的担当，一份在奋斗中流下的辛勤汗水。

为了核潜艇，黄旭华毅然决然地离开了自己的妻子和孩子；为了“09”工程，就连他的父亲去世了，他也没有回老家去看望；为了项目的保密，他几乎断绝了与家中老母亲的联系。

为了国家的强大和人民的安全，为了毛主席那句“核潜艇，一万年也要搞出来”，黄旭华付出的不仅仅是汗水，更有心灵的煎熬与痛楚。

葫芦岛的艰苦生活

从一九五八年开始，黄旭华似乎就在同学、朋友和亲人们眼里销声匿迹了，他为了祖国的安危，为了毛主席的期望，义无反顾地带着自己的家人走上了一条艰苦、无名且无悔的人生之路。

一九六五年，黄旭华所在的719研究所宣布搬到葫芦岛，进行后面的核潜艇研究工作。虽说这条命令是由于上级领导的重视才下达的，可是当时的葫芦岛几乎就是一座荒岛，没有基本的配套设施，生活条件非常艰苦。因为是上级命令，大家都坚决服从，于是纷纷从北京搬到了葫芦岛，为了毛主席“核潜艇，一万年也要搞出来”的誓言，开始了他们的荒岛人生。

葫芦岛的形状类似于一个葫芦，这个半岛有一些港口设施，港内的水很深，水域宽阔畅通，冬季港内的海水冻而不硬，一年四季都可以进行作业，地理条件也非常优越，可谓是核潜艇建造及试验的天然好地方。

但对于人的生存来说，这可不是一个好地方。葫芦岛荒芜凄凉，乱草丛生，人迹罕至。在黄旭华他们上去之前，岛上几乎没有一个人，他们只听说过一首关于葫芦岛的打油诗：

“葫芦岛，葫芦岛，两头大，中间小，风沙多，姑娘少，兔子野鸡满山跑。”

还有些人开玩笑说：“葫芦岛一年只刮两次风，一次刮半年。”

那里的条件真的是非常恶劣，冬季的葫芦岛更是寒风凛冽，呵气成霜。葫芦岛不仅自然条件不适合人们生存，生活条件也异常艰苦。

北京比葫芦岛的生活条件实在优越太多了，突然来到这个小岛，大家对那里的衣食住行都很不适应。

一年到头吃的都是萝卜、白菜和土豆，主食

大都是苞米面和红高粱米。

一开始大家不仅不会做，也吃不习惯，最苦的是南方来的同事，他们刚开始吃这些粗粮的时候，咽都咽不下去。中午是白菜炒土豆，晚上是土豆炒白菜，这已经几乎是葫芦岛人每日食谱的常态了。

葫芦岛风沙很大，荒凉冷清，连自来水的供应都非常紧张，生活区白天不供水，晚上才会来一点儿水，大家都会挨个儿拿着盆盆罐罐接水备用。平时就连一点儿玉米粉都是稀罕之物，每人每月三两油的供应一直持续了十年。

由于岛上风沙大，719研究所的工作人员约好了一起改善岛上的环境，决定在岛上种树。可是不试不知道，一试吓一跳，刚刚种好的树，没几天，一阵大风吹过后就倒了。种了倒，倒了种，反复几次后，大家便没了耐心，放弃了。连树木都难以生存的地方，人却要像野草一样顽强地活下去。

有一年春节将至，商店门口居然贴了一张大红纸。上面写着：欢度春节，每人供应红方一块。红方是什么呢？就是指酱豆腐。每年过年的时候，才能吃得上一块酱豆腐，可知当时物资供应的匮乏。

葫芦岛上什么都没有。每个去外地出差的同志出发前，都会向自己的家人和同事们要采购货物的清单。大家浩浩荡荡地送同志去外地，又浩浩荡荡地一起接他回来。每次火车一进站，出差回来的同志就会打开车窗往窗外扔东西，大家伙儿大袋小袋地背回家，里面全是猪肉、猪油、大米、挂面、酱油、饼干、鸡蛋等一些在葫芦岛上买不到的东西。

有一位同志回来的时候，扛着、背着、拎着一共二十三个行李袋，创造了整个719研究所出差购物回家的最高纪录。

因为缺少粮食，穷则思变，黄旭华带领着大家开始养鸡。白天的时候，大家就把鸡往海边赶，它们会在海里吃海藻。有时，人们也会给鸡喂一些苞米面。那些鸡很争气，天天一个接一个地下蛋，在一定程度上改善了大家的生活。

当冬天来临时，零下二十几度的天气会把鸡

冻死，于是大家就把鸡赶进家里，在窗户旁边给它们做鸡窝，把烂了的大白菜给它们吃。鸡和人一样，最害怕的就是生病，要是闹了鸡瘟，人们就得给它们喂药，可是吃了药，鸡就不会下蛋了，只能被吃掉。

吃说完了，再来谈一下住房。葫芦岛上只有极其简陋的半成品房，就和现在新楼盘的毛坯房一样，四处透风，冬季的保暖效果几乎为零。黄旭华作为副工程师，在当时还算是受到了优待，但是房子和大家的一样，小且质量差不说，还一年四季没有自来水，他们只能每天楼上楼下地端盆接水。

春夏秋还好说，到了冬天，接水的地方会经常结冰，时不时地就会有人在那里摔倒，盆子都不知道摔坏了多少个。

这里不仅生活条件恶劣，就连办公条件也是一样的差。三百多个人挤在两栋狭小的三层楼里，连办公桌都摆不开。倘若有人出差了，黄旭华他们就把出差人员的办公桌搬到外面，等他们回来了再挪回来。

恶劣的生活条件，对于719研究所的工作人员来说还能克服，但对于他们的家属和孩子们来说就很困难了。

黄旭华总觉得愧对自己的三个女儿，特别是大女儿燕妮。

整个葫芦岛只有一所核潜艇总体建造厂办的小学，小学位于两座山之间的一个风口处。冬天的葫芦岛本就寒冷，那里更是寒气逼人。刮起的大风如同刀子一样割在脸上，如同针一样扎在身上。

冬天，帽子、口罩和手套都是必需品，一样都不能少。口罩里呼出的气会在睫毛上结成冰，头发里的冰霜也经常会和帽子冻在一起。每天上学到教室，放学回到家中，一路上连心窝窝都是凉的。

那是一个冬天的早晨，风刮得很紧，雪花像扯破了的棉絮一样在风中飞舞，漫无目的地四处飘落。

望着窗外的狂风大雪，李世英对燕妮说：“燕妮啊，今天风雪这么大，就别去上学了。”

燕妮摇了摇头说："不，我就要去，只是下雪而已。"

燕妮和黄旭华一样，性格都很倔强。李世英见拦不住，就给她加了一件皮背心，腰上用爸爸的皮带绑着，看起来就像是京剧《智取威虎山》里猎户的女儿一样。

可是，风雪比燕妮想象中的还要可怕。

那天，燕妮原本下午四点就该放学回家了，可是天都快黑了，还没有见到她的人影。李世英有些着急了，在家里忐忑不安。

突然，门铃响了，李世英连忙跑去开门，发现门口站着的是同样着急的邻居。

"燕妮妈妈，燕妮回来了吗？我家孩子在你家玩吗？"邻居着急地问道。

李世英意识到，两个孩子都没有回来。眼看着窗外的风雪仍在肆虐，孩子们的妈妈决定一起出去找找。

原来，放学之后，燕妮和邻居家的孩子约好了一起回家，可是外面实在太冷了，于是她们决定抄近道回家，可以节约整整一个小时。

令她们没有想到的是，厚厚的雪盖住了小路，平时的道路看不清了，两个孩子只好深一脚浅一脚地在没过了膝盖的雪地里缓缓前行。寒冷加上看不清道路，两人只好害怕地手拉手一起走。

由于葫芦岛的地形太过复杂，路也不是很平整，一个没注意，两个孩子齐齐踩进了一个深坑里，那里的积雪没过了她们的胸膛，想爬也爬不出来。

“燕妮她们在那儿！”李世英注意到了白色雪地里的一点儿绿色，跑近一看，发现正是被大雪埋住的两个孩子。

李世英和邻居不顾寒冷，疯了一样用手扒开了大雪，把两个孩子救了出来。那时燕妮的头巾已经冻得像钢板一样了，鞋子里倒出来的也全是冰碴儿。燕妮嘴唇发紫，脸色发黑，浑身冰凉，已经一点儿意识都没有了，李世英连忙把燕妮送往了医院。燕妮被诊断为严重肺炎，心脏也不好了。

李世英心如刀绞，觉得对不起孩子，九天九夜没脱衣服在医院悉心地照顾燕妮。终于，燕妮从鬼门关走了回来，只是身体变弱了许多，还患上了严重的哮喘。

当时在出差的黄旭华回家以后，看着疲惫的妻子和怀中咳嗽的孩子，不禁落下了眼泪。

“是我对不起你们。”黄旭华十分愧疚，他没有想到自己的这份职业会给家庭带来这么大的影响。

“没关系的，孩子他爸，咱们都付出了这么多，所以你那边一定要成功啊！再说了，‘大家’比‘小家’重要。”李世英安慰道。

听了这句话，黄旭华心中再次燃起了斗志：是啊，妻子和孩子既然都已经跟着我受了这么多的苦，我也一定不能辜负她们！“小家”确实需要我，可“大家”才是我更应该为之付出的！

艰苦的条件没有摧垮我国第一代核潜艇人的意志，以黄旭华为首的核潜艇人依然在这样的环境中倔强前行。他们凭借自己钢铁般的意志和顽强的双手硬生生地实现了研制核潜艇的梦想，锻造出了一种独特的令人敬佩的核潜艇精神。

从玩具到核潜艇

虽然葫芦岛上的条件十分艰苦，但黄旭华等核潜艇的研制人员一心为国，没有一个人有怨言，于是研制工作也渐渐步上了正轨。

当时由于资料奇缺，单是核潜艇的图片资料，他们找遍了整个大中国也只找到两张。这两张照片不仅模糊，而且是核潜艇在水中航行时抓拍的，对于核潜艇到底是什么样子的，黄旭华他们心里依旧没底。

“要是能有一个模型就好了，这样也可以验证一下核潜艇到底是什么样子的。”这是核潜艇研制人员内心共同的愿望。真可谓“皇天不负有心人”，他们的梦想竟然真的变成了现实。

我国一对在美国出差的外交官夫妇，回国前去当地的超级市场购物，偶然发现许多孩子围在一个铁灰色的金属玩具旁边，他们个个眼巴巴地看着玻璃橱窗里的玩具。外交官瞬间有了兴趣，他准备买一个带回国给自己家的孩子当礼物，一问才知道，原来这个是核潜艇的玩具模型。

“核潜艇可是少见的高科技武器呢，这个玩具好稀罕啊。”外交官一边和妻子说，一边毫不犹豫地花重金买了下来。

他的这一举动，竟然给我国的核潜艇研制带来了福音。

“黄总设计师，我们从海关那里得知了一个消息，有个外交官从美国带了一个核潜艇的模型入关了。”一个工作人员告诉黄旭华。

“真的吗？那真是太好了！你帮我打听打听那位外交官的联系方式，我亲自去联系！”黄旭华得知了这个好消息非常欣喜，虽然还没有拿到模型，但是他觉得自己看见了希望。

“我愿意无偿赠予你们，能为国家尽一份力就是我的荣幸。”

当外交官得知了他的请求后，没有丝毫犹豫，就将这个核潜艇的玩具模型赠给了719研究所。虽说模型并没有成为宝宝手中的玩具，但它却成了黄旭华等研制人员心中的“宝宝”。

“您好，我这里有一个核潜艇的模型不知道你们需不需要？”这一通电话再次给黄旭华带来了惊喜。

无独有偶，他们没有想到大约同一时期，另一位外事代表在香港中转时，也在一家商店里看到了核潜艇的模型。因为他们单位与719研究所有一定的关联，知道国家正在研制核潜艇，于是他当机立断就把这个模型买了回来，并转交给了719研究所。

“现在我们的任务就是仔细研究这两个来之不易的核潜艇模型。”黄旭华对所有的工作人员说道，“从中能有一点儿收获对于我们来说就是很大的进步了。”

有了这两个核潜艇模型，黄旭华如获至宝，心花怒放，他和其他的研究人员一起反复端详了好久，发现这是美国当时建造的世界上第一艘弹道导弹核潜艇“乔治·华盛顿号”的高级模型。这两个玩具一模一样，就是颜色大小不同，较大的那个火箭发射筒和各个舱室还可以随意拆卸。

黄旭华立刻和大家一起将模型“大卸八块”，然后仔细地测量、记录、绘图、反复拆装，又反复地与自己的方案对比研究，这对他们的设计起到了很好的借鉴和验证的作用。

“没有想到我们之前的方案和设计都是正确的！”通过对这两个模型的研究，黄旭华的心里也更加踏实，这也验证了他们之前的思路是没有错误的。

研究人员个个情绪高昂，摩拳擦掌，都想充分发挥自己的聪明才智以及技术特长。核潜艇的研究是一个系统的工程，就像一个人一样，需要一步一步打造出它的身体构造。经过充分的研究，研究团队逐步形成了核潜艇研制的七大技术攻关项目，这七个技术攻关项目分别对应了人的外形、心脏、骨骼、听觉、肺、大脑和武器，黄旭华等参研人员形象地把它们称为“七朵金花”。

第一朵金花：核潜艇的心脏——核动力装置。

心脏的主要功能就是为人类的血液流动提供动力，倘若一个人的心脏不运作了，那他也基本上活不了了。而核动力装置就类似于核潜艇的心脏，源源不断地为它提供水下长期航行的动力。常规潜艇通常是柴电潜艇，需要定期上浮充电、补充空气、添加燃料。而核潜艇则完全不一样，它几乎不用添加燃料，不需要外界空气，可以像凶猛的鲨鱼一样长久地潜伏在海里，等待着猎物。

第二朵金花：核潜艇的外形——水滴线型艇形。

对于核潜艇来说，外形决定了它战术性能的先进性。不论是黄旭华他们自己对水滴线型方案做的多次验证性试验，还是对之前模型玩具的研究，都表明水滴线型的艇形在大潜深时拥有诸多的优越性。黄旭华他们利用大型风洞、低速风洞、大型深水拖拽试验水池、操纵性悬臂水池、波浪水池、潜艇流体动力性能试验设施和各种小型试验设施等，进行了专门的理论与操作研究，有了可靠的依据后，他们才最终决定采用水滴线型的操作方案。

第三朵金花：核潜艇的骨骼——大直径、高强度的艇体结构。

艇体结构就和人类的骨骼一样，是整个身体的基础，人有了强壮的骨骼才能更好地活动，核潜艇也是如此。大直径、高强度的艇体结构是极限下潜深度的保证。无论是攻击型核潜艇还是弹道导弹核潜艇，由于其技术特点和战术性能的要求，不仅核潜艇内的舱室数量多于常规潜艇，而且某些舱室的体积也比常规潜艇要大，因此核潜艇的直径及排水量就比常规潜艇要大得多。如果再追求大潜深，那么艇体结构强度就要远远高出常规潜艇了。

第四朵金花：核潜艇的听觉——远程水声系统。

核潜艇，尤其是攻击型的核潜艇，拥有一双灵敏的耳朵是它最基本的要求，茫茫大海中，没有办法拥有很好的视力，只能通过强大的听觉来弥补不足。灵敏的耳朵是先发制敌的利器，对于核潜艇来说其实就是被动声呐，通过远距离噪声测向，搜索周围的噪声目标，并测出方位，同时将目标数据传送给武器系统实施跟踪和攻击。

第五朵金花：核潜艇的肺——综合空调系统。

肺是控制人体呼吸的器官，核潜艇也有自己的肺。由于核潜艇需要长时间在深深的海底巡航，因此对艇内的空调系统要求较高，这也是对核潜艇内人员的生命保障。这个强大的“肺”，内部构造极其复杂，不仅有氧气制备装置、二氧化碳吸收清除装置、有害气体转换装置、颗粒物净化过滤器、空气成分检测报警仪和大功率艇用制冷机组等主要设备仪器，核心装置还具有备份系统，为所有的工作人员营造出了非常舒适的工作环境。

第六朵金花：核潜艇的大脑——惯性导航系统。

一个聪颖机智的大脑是每个人都想拥有的，核潜艇也不例外。核潜艇与水面的舰艇不同，它在进行深潜作业的时候对导航定位的要求非常高，常规导航系统根本无法满足其需求，唯一能够深度定位、安全隐蔽航行的就是惯性导航系统。这个系统依靠自身的惯性元件进行导航，与工作系统完全独立互不干扰，能够给核潜艇提供良好的隐蔽性，并且保证了水下的精确定位。

第七朵金花：核潜艇的武器——（鱼雷）武器系统。

终于谈到核潜艇的武器了，这是黄旭华所研制的核潜艇最重要的一部分。鱼雷（包括战略导弹、巡航导弹）及其发射系统是攻击型核潜艇、导弹核潜艇的战斗部位，也是核潜艇执行军事任务、体现战略与战术威慑的具体形式。这一部分不仅一点儿错误都不能有，并且还要做到稳、准、狠。

这七朵金花融入了以黄旭华为首的每一位核潜艇研制人员的聪明才智。七朵金花作为他们的思想结晶，为我国核潜艇的研制贡献了技术成果与研发体系，也为之后的研发奠定了强有力的基础。

深海蛟龙的诞生

核潜艇的研制工作按部就班地进行着，能阻碍大家研制进度的就只有葫芦岛的工作条件了，岛上如果一停电，黄旭华他们的研制工作就得搁置。可是，没有人知道岛上什么时候会停电，什么时候又会来电。所以在即将取得一定阶段性胜利的时候，黄旭华主动带头，趁着实验室没停电不分昼夜地工作，一干就是三天三夜。在大家的努力下，我国第一艘鱼雷攻击型核潜艇研制完成，迎接它的是一场大考：下水试验。

核潜艇下水可不是一件容易的事情，它不同于常规潜艇的下水，因为体积更大，质量更重，所以它的下水程序更加复杂，有“起艇、前行、上浮箱、横移、起浮”等步骤。

一九七〇年十二月二十六日，我国第一艘核潜艇将在这天下水。

核潜艇在陆地上的大厂房里被检查完毕后，稳坐在几十台小车上，小车沿着铁轨慢慢滑动，把核潜艇从大厂房里慢慢运到了船台，然后再从船台运到了船坞上的一个特大号的漂浮箱上，最后往浮箱里灌满水让它沉下去。整个过程非常漫长，最缓慢的时候三个小时才挪动了一百米，不过最后核潜艇终于成功地浮在了水面上。

那天的天气非常好，头一天的寒风将天空打扫得干干净净，核潜艇庞大的钢铁之躯就像一头巨鲸，横卧在瓦蓝的天空之下。

这是一个非常激动人心的时刻，黄旭华终于亲眼见证了凝结了他十三年心血的伟大作品的诞生。他永远忘不了那一天，他知道，第一艘核潜艇的下水只是一个新的开始，它只是解决了中国核潜艇“从无到有”的问题，后面还有更多更严峻的挑战等待着他。

虽然最初我国启动核潜艇研制时的实际动机，

是冲着弹道导弹核潜艇来的，但是由于技术方面的原因，核潜艇工程率先研制的是攻击型核潜艇，所以在第一艘核潜艇研制成功之后，弹道导弹核潜艇研制就提上了议程，当然这项工作也就交到了核潜艇研制的总工程师黄旭华身上。

谈到弹道导弹核潜艇，从技术上来说，就是在攻击型核潜艇上加上一个包含发射装置的导弹舱而已，简而言之，它与攻击型核潜艇的区别就是：一个可以直接从水底发射导弹，另一个不行。

这样的导弹舱十分与众不同，它并不像普通舱室的设计那样简单。首先，这个导弹舱的舱室大小要远远超过其他舱室，它的水密容积甚至可以达到三分之一，这样做是为了能在导弹舱内容纳战略核导弹及其发射装置；其次，它需要是双排大开孔的特殊舱室结构，这样做是为了方便工作人员来往与操作。这样一来，整个艇体的结构与设计都被导弹舱的体积、结构和布置大大影响了，所以也同时增加了总体结构力学分析的复杂性和核潜艇结构设计的难度。

“攻击型核潜艇属于战术型武器，重点在于战斗特性和速度性能。弹道导弹核潜艇是一种以隐蔽性为核心的战略武器，它可以提高核攻击条件下的生存能力，具有二次核反击能力。隐蔽性越强，反攻性就越好。”这是黄旭华对这两种潜艇的性能进行细致研究所得出的重要结论。

在黄旭华的脑海里反复闪动着“隐蔽性”和“反击性”这两个词，这让他不由得想起了毒蛇。毒蛇恰恰具有两个特点，一是隐蔽性强，二是反击能力强。自然界中的蛇，种类繁多，毒蛇却比无毒蛇移动得慢得多，因为毒蛇有精密的“化学武器”，所以它们不需要依赖捕食速度，而是依靠良好的隐蔽性。为此，黄旭华提出了弹道导弹潜艇“毒蛇”的设计理念。

但由于当时无法改变反应堆的动力装置，弹道导弹核潜艇需要增加一个巨大的导弹舱，使设计排水量增加了近三千吨。随着质量、体积和阻力的增加，核潜艇的速度自然也会降低。面对海军对高速航行的追求，这在任何情况下都不可能实现。所以当时人们对黄旭华提出的“毒蛇”的设计思路并没有投以太多的关注。但在新一代核潜艇的设计中，黄旭华的“毒蛇”理念终于得到了验证。

这个方案在当时虽然没有得到支持，但黄旭华并没有因此失去信心，他一直在思考，核潜艇到底怎样研制才能够更加合理与完美。陀螺问题便是摆在他面前的又一道难关。

陀螺在很多小朋友的眼里是一个非常好玩的玩具，其实，陀螺对于核潜艇来说也是一个很重要的设备，因为旋转的陀螺里其实蕴含着许多深奥的科学道理。

由于弹道导弹的体积和重量都很大，为了使纵摇、横摇、角速度、偏航、升沉等技术指标满足导弹发射的要求，美国考虑在艇上安装一个重达六十五吨的大型陀螺来稳定核潜艇。但是核潜艇的研制是国家机密，谁也不知道美国最后究竟有没有装。

黄旭华和719研究所的研制人员在此时也遇到了这个问题——到底装不装大陀螺呢?

“这六十多吨的大陀螺我们国家也生产不了

啊，这不是又多了个难题嘛！”

“这个大家伙往核潜艇里一装，艇就要增加一个大舱，可是它不像普通船舶，水下潜艇可都是黄金空间！”

“倘若我们不装，那核潜艇发射导弹的时候出了问题怎么办？”

“美国技术比我们先进多了，人家都装了，我们不装吗？”

大家你一言我一语地讨论着，各抒己见。

“大家静一静，”黄旭华站了起来，对着大家说，“我们研制核潜艇并不是照葫芦画瓢，既然我们的实验数据证明了可以不装，那就不应该装！我们要相信自己！”

黄旭华毅然拍板定了案，果然不错，后来得到的研究资料表明，美国也没有装，大家差点上当。不过好在黄旭华坚持了自己的想法，使得我们的核潜艇在发射导弹时稳得像在陆地上一般，摇摆角、纵倾角、偏航角都接近于零！

这件事情，让大家意识到，面对一份外刊资料，大家不能被牵着鼻子走。是否使用大陀螺看上去只是一个方案的选择，但在设计中任何一个问题都可能面临多种选择，选择最能体现智慧与眼界，大家需要通过严谨的论证，来选择更加科学、更加准确的方案。

一九八一年四月三十日上午十点，我国第一艘弹道导弹核潜艇经过了十年的潜心研制，顺利下水了。汽笛声一直响个不停，核潜艇从桥墩上缓缓地浮起，所有人都十分兴奋，因为大家知道，这意味着我国终于正式具备了海上的战略核力量，具备了二次核反击能力，并且形成了三位一体的核战略架构！

黄旭华难以抑制自己澎湃的心潮，于是挥毫写下了这样的诗句：

南征直捣龙王宫，北战惊雷震海空。攻坚苦战两鬓白，犹有余勇再创功。

蓝色的天幕上挂着一轮金光灿烂的太阳，白云就像海上的孤帆，在晴空中飘荡。这是一个难得的好天气，黄旭华和全体参事人员都进入了各自的岗位，做好了各项准备工作，等待着核潜艇的第一次导弹发射试验。

一九八二年十月七日下午三点左右，“长城200号”弹道导弹核潜艇发射了第一枚潜地导弹。发射、出水、点火都正常，但点火升空约一百米时，意外的情况却发生了。

那枚导弹突然失控翻转，在空中以大姿态的角度“掉头”飞落，超出了安全范围后在天空中爆炸，爆炸产生的碎片散落在海中。黄旭华等在场的工作人员一时间全都愣住了，紧张的情绪也迅速笼罩了大家。

导弹发射试验失败了，大海中一片狼藉，指挥室里的大家沉默了，严肃地盯着操作台和手中的文件。

“仔细排查问题。”黄旭华很镇定，说了这短短六个字，大家便开始忙活起来。

有一句古话说得好：“塞翁失马，焉知非福”，虽然第一次导弹发射失败了，但对于黄旭华来说，这也在客观上验证了在潜射导弹发射时，潜艇艇体姿态控制设计方案具有较高的合理性。这次事故造成的导弹自毁发生在常规弹道导弹潜艇上，直接验证了故障弹无论是否自毁，都会坠落在常规潜艇的安全距离之外，据此推论，即使是弹道导弹核潜艇发射潜射导弹，采用设计中的艇体姿态控制方案，故障弹也不会对核潜艇的安全造成危害。

第一次导弹发射失败的原因找到之后，黄旭华带领团队一起找到了问题的解决办法，确保了发射的可靠性。所以，并没有过多久，第二次发射便进入了准备阶段。

湛蓝的天空万里无云，如同碧玉一样清澈，又是一个美丽的晴天，“长城200号”发射了它的第二枚潜地导弹，导弹出筒，跃出海面，二次点火，然后拖着长长的烟龙直上云天，划过一条优美的弧线后消失在遥远的天际。

在场的所有人既紧张又兴奋，指挥所里一片寂静，空气就像凝固了一般。大家目不转睛地盯着海面，竖起耳朵倾听着导弹飞行情况的报告：

“导弹发射正常！”

“一级发动机点火！”

“导弹两级分离！”

“头体分离正常！”

大约过了十分钟，指挥所大厅广播里传来了最新的报告：

“未发现目标！”

“弹头命中预定海域！”

这一次，正如黄旭华和所有工作人员期待的，导弹准确命中了目标，他们终于取得了圆满的成功！

海鸥在蛟龙边上嬉戏，一切都是那样和谐。指挥室里的大家欣喜万分，拍手叫好。

黄旭华再一次见证了我国又一艘战略核潜艇的成功，这两条蛟龙凝结了黄旭华太多的心血。一九八三年十月十九日，核潜艇部队举行了隆重的命名和授旗仪式，庄严的五星红旗在弹道导弹核潜艇上徐徐升起，核潜艇随后威严地驶向大海，我国第一艘具有战略威慑意义的核蛟龙，威武地游向了浩瀚的大洋，默默捍卫着祖国的安全和尊严。

无名也无悔

作家祖慰先生曾经发表过一篇标题为《赫赫而无名的人生》的报告文学，文章中讲述了一个一九四九年从交通大学毕业的广东客家后裔，为我国第一代核潜艇的研制隐姓埋名三十余年的感人故事。文章中多次出现了“中国核潜艇之父”的称号，可是全文都没有出现过他的名字，只是用“他”来代替。

那篇文章发表于一九八七年第六期的《文汇月刊》，而一九八七年距离一九五八年已经将近三十个年头了，“他”的事迹虽然经过了严格的审查后，可以零星见诸报端，但“他”的姓名与照片资料还是不能公开。

黄旭华的一生几乎都是这样“赫赫而无名”，他在工作中隐姓埋名，虽然功勋卓著，但这几十年间，他的事迹、贡献和声誉却不能被公众，甚至是自己的亲朋好友所知。

这三十年间，黄旭华跟自己的亲人几乎没有联系，除了时不时给家里寄点钱，家里的父母和兄弟姐妹没有人知道他在做些什么。就连黄旭华的三个女儿，也没有一个人知道父亲是在研制核潜艇，大女儿也仅仅是在考进了719研究所后才知道了爸爸所从事的工作。

父母多次写信问黄旭华在北京哪一个单位，到北京去干什么工作，黄旭华一直闭口不答。由于不能回到父母身边尽孝，黄旭华每逢年节都会给老人寄钱回去以表达孝心。父亲生气地把黄旭华寄的钱退了回去，哥哥也写信骂他“越大越不懂事”。面对那张退回来的汇款单，黄旭华心中五味杂陈，还不能多解释。

但黄旭华的母亲从来没有责怪过他，就好像与黄旭华心有灵犀一样，冥冥之中，她觉得黄旭华一定是有自己的难言之隐，也一定在做“好”

事，于是一直在家安慰其他的兄弟姐妹。

一九八六年，当黄旭华再次踏上阔别已久的家乡时，已经过去整整三十年了，父亲和二哥已经去世。他看着已是满头银发的九十多岁的母亲，不禁跪地痛哭流涕。而这次重逢的时候，家人仍不知道他这么多年在干什么！直到一年后那篇题目为《赫赫而无名的人生》的长篇报告文学，详细地介绍了中国核潜艇总设计师的人生经历以后，他才终于被“解密”！

黄旭华把杂志寄给了母亲。母亲一看，里面所讲的黄总设计师，就是三十年没有回过老家，而被弟妹们误解为不要家，忘记了养育他的父母的不孝的三儿子。

母亲一遍又一遍地阅读这篇文章，满脸泪水，自豪不已。她把子孙们召集过来，郑重地对大家说：“三哥（黄旭华）的事情，大家都得谅解！”母亲这句话让黄旭华非常感动，每次想起来，都让他忍不住流泪……

自古忠孝不能两全，黄旭华说：“对国家的忠，就是对父母最大的孝。”

黄旭华的“无名”人生大致可以划分为三个阶段。

在上海交通大学的地下党组织生涯，便是黄旭华“无名”人生的开始。为了国家的新生，为了唤起同辈年轻人的觉醒，他在血雨腥风中为党的事业秘密地奔波着。

黄旭华的第二段“无名”人生是他在船舶工业管理局上班的一段经历，当时因为工作的需要，他从事苏联舰船的转让仿制工作。当时的保密工作就已经非常严格了，要签订保密承诺，十个指头都要按手印，保证不得向任何人，包括自己的配偶、父母、兄弟姐妹、子女透露自己工作的任何情况。也大致是从这个时候起，他的亲人们就不知道他在做些什么了。

第三段“无名”的人生自然就是黄旭华参加“09”工程之后了，这段经历长达三十余年。由于核潜艇研制是“天字第一号”工程，保密程度甚至严于“两弹一星”，做这件事几乎是“与世隔绝”。

今天的黄旭华两次获得国家科技进步奖特等奖，其他大中小奖也不计其数，不仅拥有工程院院士头衔，还荣获了“中国核潜艇之父”的美誉。现在的他可谓是名满天下，家喻户晓，但这是在他隐姓埋名三十余年之后，国家和人民给予他的荣誉。如同对待同时代的“两弹一星”的元勋们一样，这些荣誉是国家和人民为了纪念和表彰黄旭华为祖国国防建设做出的巨大牺牲和贡献。有一句话说得好，我们“不能让英雄流汗、流血，还流泪”！

“知足常乐，难得糊涂。”这是黄旭华的口头禅，在他眼里，虽然这一生是无名的，但他也无怨无悔，即使是再来一次，他也还是会做这样的选择。

一九九五年，黄旭华获何梁何利基金科学与技术进步奖，何梁何利基金评选委员会在其出版的获奖者传略中，对黄旭华的技术成就进行了系统的总结，并予以详细的描述。兹摘录如下：

黄旭华是研制我国第一代鱼雷核潜艇和弹道导弹核潜艇的创始人之一。在中共中央领导下，他和其他科研人员一起，开拓了我国核潜艇的研制领域，主持过我国第一代鱼雷核潜艇和弹道导弹核潜艇从方案论证、研究设计、施工建造到试验、航行各阶段的技术工作。他成功地组织技术人员研究提出全艇主要配套设备项目，参与制定艇与动力、武备协调的总体方案，主持组织多项重大技术攻关项目的研究，决策采用适合水下高速航行的水滴型艇体和用围壳舵与艇水平舵相结合的操舵方式，牵头组织技术人员推导出弹舱大直径双排大开孔等耐压艇体结构设计计算方法，协调处理艇上各系统之间和系统与总体之间的协调匹配关系以及参与指挥水下发射运载火箭和深水试验等大型试验，为我国继美、苏、英、法之后，成为第五个自行研制出核潜艇的国家做出重大的贡献。

黄旭华在研制我国第一代核潜艇中的主要科学技术成就有如下几个方面。

1.成功地组织技术人员研究提出全艇主要配套设备项目和艇的战术技术性能指标与总体方案。

2.决策采用适合水下高速航行的水滴型艇体

和用围壳舵、艇水平舵相结合的操舵方式，成功地解决水下高、低速航行时的稳定性和机动性。

3. 牵头推导出艇体直径比常规动力潜艇大约一倍，特别是导弹舱特大直径和双排大开孔等耐压艇体结构的设计计算方法。

此外，在研制我国第一代鱼雷和弹道导弹核潜艇全过程中，黄旭华成功地参与协调处理好核动力一、二回路和电力系统及全艇诸系统之间以及它们和总体之间的协调关系，做到各系统匹配协调、整体优化。在执行潜艇水下发射运载火箭的多次海试任务中，他作为核潜艇工程总设计师、试验指挥部首区副总指挥、船舶工业总公司技术总负责人，严格执行中央首长和上级的指示，在现场及时处理许多重大技术问题。他组织技术专业人员，采用导航系统码头标校新技术，保证了惯性导航系统和星光导航系统零位的准确性和稳定性，保证了核潜艇水下发射定位系统的精度。他参加了核潜艇极限深度深潜、水下满功率全速航行和大深度发射鱼雷三项深水试验，担任试验领导小组成员和技术总负责人，对试验中出现的几项涉及艇的安全等重大问题，与有关技术人员研究分析，及时提出措施，制定决策，并亲自随艇下潜到极限深度，为保证试验顺利进行做出贡献。

作为我国第一代鱼雷核潜艇和弹道导弹核潜艇研制的创始人之一，黄旭华的贡献是巨大的，他也因此获得了崇高的荣誉。

一九七八年获全国科学大会奖，一九八二年获国防科工委二等奖，他参与完成的我国第一艘核潜艇研制获一九八五年国家科学技术进步奖特等奖，一九八六年被授予“中国船舶工业总公司劳动模范”，一九八九年被授予“全国先进工作者”称号，一九九四年获评中国工程院首批院士，一九九五年获何梁何利基金科学与技术进步奖，参与完成的弹道导弹核潜艇研制获一九九六年国家科学技术进步奖特等奖，二〇一七年再次获得何梁何利基金科学与技术成就奖。二〇一八年荣获“世界因你而美丽——2017—2018影响世界华人盛典”终身成就奖。二〇一九年被授予中华人民共和国最高荣誉勋章——共和国勋章。黄旭华也因为在核潜艇事业上的巨大贡献而受到党和国家领导人的多次接见。

今天，黄旭华等老一代科学家开创的我国核潜艇事业蒸蒸日上，成果辈出，我国新一代核潜艇已经成为令其他大国都不敢小觑的国之重器，守护着祖国的安全和世界的和平。

生活中动听的旋律

不是周末，不是假日，只是个平常的日子，秋日午后的阳光温馨又怀旧，被阳光浸染的窗户半开着，里面传来了铿锵的交响乐声。

屋里的男主人是个十足的音乐爱好者，六十岁寿辰的时候，妻子郑重地送了他一件礼物，不是金玉钻石，不是诗书琴画，而是贝多芬的全套交响乐磁带，全由卡拉扬指挥。他不抽烟也不喝酒，就是爱听交响乐，不是闭目凝神坐在那里听，而是走来走去地听，即使现在九十六岁了，这个习惯依然如故。妻子笑着说："你这么不文雅地听，贝多芬、卡拉扬他们会生气的！"这个男主人才不管他们生不生气，还是继续走来走去。

他不光爱音乐，还爱买花、买鱼。年轻时，从广州出差回家，他一手提着白兰花，一手提着红金鱼，兴冲冲进门，却把妻子嘱咐买电风扇的事彻底忘记了！他太爱买花买鱼了，尤其是花，家里客厅里、阳台上，君子兰、白兰、南美朱顶红……应接不暇，竞相开放，一年四季花香四溢。

爱音乐、爱花、爱鱼，在极为有限的“家庭时间”里，他是一位温文尔雅、富于情趣的老人，而在“工作时间”里，他却是叱咤风云、严谨睿智的总设计师，为了中国的核潜艇事业他毫无保留、心甘情愿地奉献了一辈子，是曾经“赫赫而无名”的黄旭华院士。

和许许多多的成功人士一样，黄旭华志趣高雅，德艺双馨，夫人温良贤淑，家庭幸福，其乐融融。生活总在印证一句话，幸福的家庭总是极其相似。黄旭华院士的家庭堪称幸福美满，琴瑟和鸣。

无论在哪个历史时期，无论生活条件与状况如何，黄旭华的家永远充满着自由、温馨与欢乐。在北京，在葫芦岛，在武汉，只要黄旭华在家，哪怕是短暂得只有几个小时，黄旭华总能陪着女儿们玩耍。在北京的公园，黄旭华和女儿一起划船。冬天，他用一只板凳做了一个滑板，和燕妮一起在湖面上溜冰。在葫芦岛的荒地里，黄旭华和孩子们堆雪人、打雪仗；在武汉的春节里，黄旭华和家人一起放鞭炮、玩游戏。有一年春节，年过半百的黄旭华和女儿们一起打闹嬉戏，大女儿笑弯了腰说："爸爸，过了年就把你送到托儿所去！"

黄旭华一家没有一个人是专门学习音乐的，但是一家人却酷爱音乐。家庭音乐会已经在这个家里形成了传统。不拘形式，不限风格，随心所欲地诠释与创新，激发了一种近乎原生态的天籁。

偶尔，在节假日的家庭聚餐中，他们还把家庭音乐会搬到酒店餐厅，把欢乐传递到了大厅和隔壁，引来客人或者宾馆服务员的驻足欣赏，博得一阵阵掌声和羡慕的赞许。

热爱鲜花和亲近自然是这个家庭的另一特色。在黄旭华的家，在他女儿们的家，任何一个地方，目之所及，总能有各色形态万千的鲜花或者绿色植物吸引着你的眼球。

周末，只要天气晴好，黄旭华一家人就会去城市周遭踏青，沐浴自然。中科院武汉植物园是他们家最常去的地方，植物园每年的梅花节、樱花节、牡丹节、兰花节、桃花展、郁金香展、菊花展，你总能看到黄旭华一家人愉快的身影。黄旭华去植物园永远都是全副武装，不仅带着照相机，还带着放大镜。看到感兴趣的植物或者鲜花，他便会立刻拿起放大镜仔细研究端详，一如他检视核潜艇的每一个零部件一样。

黄旭华的一生极其具有戏剧性和故事性，拥有着完整的起、承、转、合。辗转求学为“起”，笑傲交大为“承”，低调建艇为“转”，享誉天下为“合”。

说起让“黄旭华”这个名字红遍大江南北的契机，应该是二〇一四年黄旭华获得中央电视台“感动中国”二〇一三年度人物称号这件事。

二〇一四年二月十日晚，“感动中国”二〇一三年度人物颁奖盛典在中央电视台一套演播大厅隆重举行。在宣布颁奖典礼开始后，主持人敬一丹深情地说："我们先来认识这样一个人，他的名字很少被人提起。他在忙碌，忙了那么多年家人都不知道他在忙什么。他的名字就那样久久地、默默地隐藏在大海深处。"

在播放了一段黄旭华研制核潜艇的过程及接受中央电视台专访的视频后，在全场热烈的掌声中，黄旭华院士第一个走上领奖台，高高地举起了"感动中国"二〇一三年度人物的奖杯。

黄旭华获奖后发表感言："现在在我子孙面前，我很自豪，很骄傲！因为我这一生没有虚度。此生属于祖国，属于核潜艇，我无怨无悔。"

颁奖后，主持人问黄旭华今天的梦是什么，黄旭华回答说："还是核潜艇，还是希望核潜艇更上一层楼。"

黄旭华从幕后走到前台，应邀讲述中国研制核潜艇的故事，讲述他们那一代"09人"艰苦奋斗的故事，让国人知道，也让世界知道，中国人凭着自己的智慧，仅用不到十年时间，就实现了毛主席"核潜艇，一万年也要搞出来"的誓言。

祖国不会忘记每一个辛勤耕耘的儿女，人民

也在惦记着那些为国为民默默付出的人。黄旭华为祖国铸造国之重器，迎来了无数的鲜花和掌声。在巨大的荣誉及频频闪耀的闪光灯面前，黄旭华依然那么冷静和淡定，不仅一如既往地关注和浇灌着核潜艇事业，而且对国家和地方各项工作倾注着更多的桑榆情怀。

二十世纪以来，黄旭华开始系统地梳理和总结我国第一代核潜艇研制的缘起、过程、特点、环境、条件等历史经纬，从中提炼出了凝结在他们这一代核潜艇人身上的一种精神，他称之为“核潜艇精神”，也叫“09精神”。

黄旭华把这种特定的“核潜艇精神”总结为十六个字：

自力更生，艰苦奋斗，大力协同，无私奉献。

他说，这四句话听起来似乎比较土，然而却非常质朴，每一句话都可以用成百上千人的汗水来诠释，也蕴含着深刻的道理，这才是“09精神”真正的财富。

二〇一三年八月八日，国史学会“两弹一星”历史研究会联合解放军总装备部、海军、中国科学院、国防科工局、中国核工业集团公司、中国航天科技集团公司、中船重工集团公司等，在北京举办了核潜艇精神高层论坛。

在这次论坛上，黄旭华院士应邀就“09精神”做了重点发言。报告的内容具体分为八个方面：潜艇发展历史回顾；“核潜艇，一万年也要搞出来！”研制工作三原则；自力更生，立足国内，走自己的路；大力协同，集思广益，群策群力；艰苦奋斗，力克难关，勇攀高峰；无私奉献，献身“09”，无怨无悔；“09精神”，激励奋进，百尺竿头更进一步。

在报告的最后，黄旭华奉献上了为“09精神”谱写的两首歌，一首是《〇九人之歌》，另一首是《〇九战歌》。

黄旭华泪眼模糊地说道：“奉献这两首歌，一是抒发自己的桑榆情怀，二是与‘09’战线的战友们共勉。”

《〇九人之歌》的歌词：

我们〇九人，科研战线精英。

胸怀祖国放眼世界，兴船报国创新超越。

我们〇九人，国防战线尖兵。

肩负〇九重任，强我国防，扬我国威，壮我军魂。

〇九啊！〇九啊！任重艰巨，神圣而光荣。

祖国召唤，只争朝夕，〇九精神，激励奋进。

自力更生，艰苦奋斗。

大力协同，无私奉献。

我们〇九人，献身〇九，勇往直前。

默默无闻埋头钻研，赫赫无名铸就辉煌。

我们〇九人，热爱祖国，不辱使命。

擒龙捉鳖，苦战告捷，展望未来，任重道远。

百尺竿头，更进一步，一万年太久，只争朝夕。

《〇九战歌》的歌词：

〇九健儿志气高，过关斩将逞英豪。

哪怕狂风激恶浪，定叫惊雷震海天。

骑鲸蹈海日游八万里，五洋捉鳖。

驭龙腾飞直上九重天，九霄揽月。

奋蹄人生路，志在铸辉煌。

自力更生，艰苦奋斗，大力协同，无私奉献。

默默无闻埋头钻研，赫赫无名攀登高峰。

一二三四，一二三四。

〇九健儿志气高，过关斩将逞英豪。

哪怕狂风激恶浪，定叫惊雷震海天。

哪怕狂风激恶浪，定叫惊雷震海天。

在黄旭华的眼里，核潜艇及其武器系统的研制是一个系统工程，而我国的核潜艇研制水平与美国和俄罗斯还有一定的差距，尤其在美国重返亚太战略实施后，美国先进的核潜艇直接威胁着我国的国防安全。因此，“09精神”在今天依然具有现实意义。老一辈开创的核潜艇精神不能丢，它是一种精神上的力量，有时比技术还重要，年轻一代要把“09精神”发扬光大，并赋予“09精神”新的时代内涵。

中央电视台记者在采访中曾问过黄旭华：“你

将你的血一滴一滴慢慢流，为什么流到现在你的血还是热的？”他答道：“因为我是共产党员，共产党员的血一直都是热的。”

黄旭华这样表达过自己的想法：“列宁曾经说过，如果党需要他一次把血流光，那他就毫无遗留；如果需要他一滴一滴地流，他也会做到。我要以列宁这番话要求自己，无论需要我怎样流血，我都会直到把血流光为止。所有的名利我都可以不要，家里的问题我也忍受下了，为的是毛主席那句‘核潜艇，一万年也要搞出来’，那是天大的事情，其他事情都可以忍受，都可以放弃，我是这样的思想。”

如今，为核潜艇奉献了一生的黄旭华已经九十六岁高龄，一只耳朵已听不太清，但腿脚还算利索。身为中国工程院院士、中国船舶重工集团公司第719研究所名誉所长，黄旭华仍然每天坚持来到他的办公室，继续他的工作。

“虽然我现在年龄大了，已经退出一线，但我感觉我的责任并没有完。世界上的技术竞争非常激烈，其中最严峻的竞争表现在国防科技领域。

竞争当中，你落后了就要挨打，所以我们任重而道远。我九十六岁了，人家说您不要去上班。但我还是有责任的，我现在的责任是给新的这一代当啦啦队长，给他们鼓劲儿。”黄旭华如是说。

“中国核潜艇之父”——黄旭华的故事讲到这里就要结束了。他就像一艘沉默却强大的核潜艇，在波涛汹涌的海面之下，守卫着我们的祖国，我们的人民。

我们现在能享受和平与安稳，正是因为有像黄旭华这样“赫赫而无名”的奉献者，他们在祖国贫弱的年代，不懈努力，以崇高的信仰为指引，用自己坚挺的脊梁、坚定的步伐、坚强的意志让我们中华民族稳步向前，变得更强大！

让我们向黄旭华，以及所有为祖国默默奉献的大国脊梁们，致敬！